Путешествия как способ изменить себя

PREОДОЛЕЙТЕ КУЛЬТУРНЫЕ РАМКИ,
ЧТОБЫ ОТКРЫТЬ СЕБЯ КАК ЛИЧНОСТЬ

Грегори В. Дил

Copyright © 2016 by Gregory V. Diehl

Все права защищены. Ни одна часть этой книги не может быть переиздана, воспроизведена или распространена в любом виде и любыми способами, включая фотокопирование, запись или другие электронные или механические способы, без предварительного разрешения издателя, за исключением коротких цитат, использованных в рецензиях и других некоммерческих целях, не запрещенных законодательством об авторских правах. Для запроса на разрешение обращайтесь к издателю через веб-сайт, указанный ниже.

Identity Publications
www.IdentityPublications.com

Информация для заказа:
обращайтесь в отдел продаж. Специальные скидки доступны при покупке большого тиража корпорациями, ассоциациями и другими субъектами на веб-сайтах, указанных ниже.

Путешествия как способ изменить себя / Грегори В. Дил. — 2-е изд.

ISBN-13: 978-1-945884-44-3

Gregory V. Diehl
www.GregoryDiehl.net

David J. Wright, Globcal International
www.Globcal.net

Содержание

Предисловие Дэвида Дж. Райта 5

Пролог 15

Часть 1. Наш заурядный мир..................... 21

Часть 2. Навстречу приключениям............33

Часть 3. Отправление от знакомого 49

Часть 4. Испытания и вызовы................... 71

Часть 5. Приближение к непреодолимому 95

Часть 6. Победа и возрождение................115

Часть 7. Новый дом 131

Часть 8. Возвращение к заурядному 151

Часть 9. Слияние с миром 165

Часть 10. Формируйте будущее 179

Эпилог 191

Об авторе 193

Посвящается Анастасии, которая дала мне мой последний экзамен на личность.

Предисловие Дэвида Дж. Райта

Свобода личности и индивидуальность с позиции путешественника — то, что на самом деле поняли или пережили достаточно мало человек в этом мире за все время его существования. Я встретил немного таких людей за последние 50 с лишним лет, по крайней мере, пока не появились социальные сети. Удивительно, но автор книги, которую вы читаете, объездил столько стран в мире, что я безоговорочно могу верить его словам, когда он говорит о кочевом образе жизни, длительном проживании в офшорных государствах, гражданстве, правах человека и свободе.

Грегори Дил находится сейчас в процессе получения своего третьего гражданства; он рожден в США, но давно проживает за пределами своей родины и активно придерживается идеи быть гражданином мира, а не одной страны. Будучи молодым, он приобрел достаточно жизненного опыта, чтобы понимать, что же может предложить нам мир. Читатель этой книги сможет узнать о вещах, которые я бы назвал "нетипичными" и "автономными". Многие из них бросают вызов нашему привычному представлению о том, кто мы и кем можем стать, руководствуясь, как я это называю, "внегосударственным мировосприятием", которое проявляется в процессе формирования в нас самих интернациональной личности за пределами родины.

Становление личности за пределами родной страны, вероятно, не каждому подойдет. Многие люди счастливы быть гражданами стран Северной Америки, Европы или Австралии, население которых вместе составляет 30% всех жителей нашей планеты. Для меня, как и для автора этой книги, — тех, кому посчастливилось быть частью привилегированного меньшинства в нашем мире — гражданами Соединенных Штатов, — есть, тем не менее, другие привилегии, понять которые можно только покинув эту страну. Возможно, вы осознаете их уже в процессе чтения данной книги.

Преимущества, о которых я говорю, — совсем не созерцание новых мест на планете, от которых захватывает дух. Периодические поездки в качестве обычного туриста — на несколько недель по давно проторенным тропам — никогда не дадут вам понимания и осознания своей свободы в этом мире. Если только вы не миллионер и не тратите 100 000 долларов или более в год на личный досуг и многочисленные путешествия, вы, скорее всего, не отождествляете себя с тем, кто сделал поездки по миру главным занятием своей жизни.

Впервые я лично познакомился с автором по Skype — общепринятому способу связи для тех, кто может никогда и не оказаться в одной части мира в одно время, — как раз когда он уже написал эту книгу. Я знал тогда, что хочу ее прочесть, потому что такая книга должна была быть написана, и людям во всем мире необходимо ее прочитать. Я был удивлен, когда обнаружил, что у нас множество общих знакомых, которые являются признанными международными путешественниками. Через несколько минут разговора мы оба осознали, что у нас много общих интересов, включая ведение бизнеса и проживание по всему миру, и Грегори попросил меня внести вклад в его работу. Для меня эта возможность подвернулась в весьма подходящее время. Я собираюсь перенести свой офис в столицу Колумбии Боготу из Каракаса (Венесуэла), поскольку представляю международную неправительственную организацию в роли посла доброй воли и наблюдателя за мирным процессом в Колумбии.

Информация, изложенная на страницах этой книги, может и не побудить вас немедленно начать вести кочевой образ жизни. Возможно, это из-за того, что вы пока еще не знаете, кто вы есть. Однако рассказ Грегори научит вас как минимум видеть мир иначе, чем вы привыкли. Возможно, вы увидите его более красивым, чем вы думали; или же, как покажет Грегори, совсем наоборот.

С моей точки зрения, как постоянного путешественника и человека, давно не живущего в родной стране, эта книга предлагает сотни возможностей для тех, кому близка концепция "не ограниченного одним государством" или, другими словами, мирового гражданства. Я уверен, что она послужит стимулом для читателей, разделяющих идеалы Грегори, двигаться дальше, пока они не достигнут того переломного момента, после которого сделают важный выбор в пользу свободы, как было у многих путешественников по всему миру.

И я, и автор понимаем, что такой, надо признаться, несколько экстремальный образ жизни не для всех. Только от вас как от читателя зависит, сколько понимания вы проявите, чтобы обозначить пределы своих желаний и определить, какой личностью вы хотите стать. Вы сможете жить в таком месте, о котором другие только мечтают. Более того, вы можете стать тем, кем мечтали стать.

Мне понадобилось практически 40 лет, чтобы осуществить мечту, которая была у меня в старших классах во время изучения географии — жить когда-нибудь на Гвианском плоскогорье (древняя местность в Гвиане и Венесуэле) — и о которой я забыл к 19 годам. После того как произошли важные и ожидаемые события, обозначенные в плане моей жизни, такие как становление ответственным отцом, гражданином, патриотом своей страны, предпринимателем, выпускником колледжа и проявление в других, характерных для современных людей ипостасях, я наконец вспомнил об идее жить в амазонских джунглях. Здесь я основал экодеревню, которой сейчас управляю, и экологический проект, занимающие вместе площадь в 22 квадратных километра.

Мой дом здесь — место, которое мы называем Экобиус. Это мое постоянное официальное местожительство, где меня принимают за полноправного члена племени пиароа, работающего на общественных началах. Единственное, что мешает мне жить там постоянно, — текущая политическая ситуация между Венесуэлой и Соединенными Штатами. Из-за двусторонних разногласий между правительствами я сталкиваюсь с ограничениями в поездках в свой собственный дом. Но, как будущий гражданин Колумбии, в ближайшее время я смогу более свободно ездить в экодеревню и уезжать оттуда. Это лишь маленький пример того, как национальное самосознание личности порождает способность неотступно следовать за мечтами и достигать высшего самосознания.

С помощью международной команды послов доброй воли и волонтеров я управляю Globcal International. Мы являемся организацией, которая впервые предлагает законную альтернативу гражданству конкретной страны и национальному самосознанию в соответствии с новым Международным биллом о правах человека в XXI веке, принятым ООН, и другими основополагающими документами международного права. Работая с существующими нормами международного права, мы верим в то, что это самый эффективный способ помочь каждому человеку в мире добиться одинакового уровня уважения и получить равные возможности, независимо от места своего рождения.

Первое издание книги вышло в переломный момент для прав человека, проблем миграции, беженцев, мира и глобализации, и я чувствую, что оно поможет людям обрести вдохновение и начать заново искать свой жизненный путь — тот, в поисках которого они всегда находились. Книга также поможет им преодолеть страх одиночества. Читатель должен знать, что истинная суть каждого человека и его индивидуальность основываются на жизни в обществе и восприятии его другими людьми, что часто вызывает страх в сегодняшнем густонаселенном мире. В реальности же, даже когда мы одиноки, мы существуем, потому что другие люди видят нас и общаются с нами и мы также думаем о них. То, как вы предстаете перед остальным миром, и есть ваш собственный величественный жизненный путь. Каждый из нас должен попытаться извлечь из этого максимальную пользу. Опыт, который вы вкладываете в это, и риск, который вы берете на себя как человек, в итоге окажут влияние на формирование вас как личности.

В прошлом году я совершил 2-месячное наземное путешествие из Мексики в Венесуэлу, пересекая 18 пограничных пунктов, чаще всего незаконно. Это было одно из самых запоминающихся приключений в моей жизни, наполненное веселыми и интересными, но сложными ситуациями. Я думаю, если бы в то время существовала эта книга и я мог ее прочитать, я бы лучше справился с ролью "незаконного" путешественника.

С тех пор как завершилось мое турне, на протяжении нескольких последних месяцев мы работали над программой "Гражданин мира", доступной для всех людей, независимо от их национального происхождения, если они соответствуют требованиям для получения паспорта своей страны. Эта программа включает дополнительный паспорт, удостоверяющий личность (дипломатический паспорт), открытое программное обеспечение и дает право отдельным гражданам, предъявляющим идентификационную информацию без учета национального государства, работать и путешествовать в качестве международного гражданина, не привязанного к гражданству ни одной страны, в 10 000 направлений по всему миру согласно специальным условиям, как для современных путешественников. Книга, которую вы держите в руках, станет неотъемлемой частью нашего учебного курса для участников программы.

Проект, который мы разрабатываем и развиваем, уже сильно повлиял на международные нормы права, безоговорочные для наций, составляющих часть международного сообщества; но колеса политики вращаются гораздо медленнее, чем мы можем себе представить, даже на дипломатическом уровне. К счастью, успех, которого мы на данный момент добились, был достигнут без всех тех ошибок, которые совершили наши предшественники при создании не имеющих законной силы, внесенных в черный список и непринятых программ, признанных незаконными или лишенными законной силы такими организациями, как Интерпол, Международная морская организация (ИМО) и Международная организация гражданской авиации (ИКАО). Импровизированные проездные документы наподобие паспорта, которые выдает международная общественная организация World Service Authority (об этом упоминается в части 7 данной книги), сегодня способствуют задержанию большего количества людей, чем тех, кому удается с их помощью пересекать границы государств.

Я верю, что мы живем в мире, где организации, корпорации и отдельные граждане являются движущей силой, ведущей к истинным идеалам глобализации. Я уверен, что слова Грегори Дила сэкономят для меня и других людей много времени в процессе понимания сути международных путешествий, переезда в места, куда они всегда хотели поехать, равно как и становления теми, кем они всегда хотели быть. Я настоятельно рекомендую вам включить эту книгу в свою библиотеку.

Полковник Дэвид Дж. Райт,
гражданин мира, путешественник, защитник племенных народов и основатель экологического движения Globcal International.

Октябрь 2016 года.

Пролог

Турист — это тот, кто поддерживает свою старую культуру, уменьшая тем самым противоречивое влияние на нее новых впечатлений.

Путешествовать с по-настоящему открытым разумом — значит забыть, кем ты был в начале путешествия.

Это значит постоянно рождаться заново и отождествлять себя с концепциями, которые близки другим людям, но о существовании которых вы и не подозревали раньше.

Что более всего определяет вас как личность?

Что могло бы сломать вас?

Вы растете в условиях, которые заставляют вас думать по-другому?

Когда вы путешествуете в незнакомые места, отождествляете ли вы этот новый образ жизни с собой прежним?

Или вы меняетесь?

ВЫ НЕ ОБЯЗАНЫ ПРОХОДИТЬ ЭТОТ ПУТЬ В ОДИНОЧЕСТВЕ

Исследовательские барьеры все время слабеют. Неизведанные препятствия перестают быть таковыми каждый день. Люди слышат призыв начать исследовать и изучать гораздо больший мир, о существовании которого они ранее не знали. Вы не единственный, кто ищет ответы на сложные жизненные вопросы. Невольная кооперация таких людей есть по всему миру. Мы взаимодействуем и помогаем себе, развивая торговые отношения и общение. Мы улучшаем жизнь тех, кто не осведомлен о местных ограничениях и не знает местных особенностей.

ЭТОТ ПРОЦЕСС ХОРОШО ЗНАКОМ

Стремительное желание узнать что-то новое побуждает людей отказаться от привычных представлений о жизни. Их тревожат вопросы без ответов и то, о чем они не осмеливаются спросить. Путешественники проявляют интерес к новым знаниям, преодолевая точку сопротивления. Это лабиринт, по которому должен пройти каждый искатель приключений. Новые впечатления вдохновляют на новые поступки. Погружение в исследование неизвестного — изменчивый и нестабильный, но всегда актуальный жизненный путь.

МНОГИЕ БОЯТСЯ ОТКРЫТЬ ДЛЯ СЕБЯ ЧТО-ТО СТРАШНОЕ

Для каждого из нас есть непостижимые и запретные вещи. Это поступки и мысли, которые нас учили считать неправильными. Наши страхи существуют в наших головах, пока мы не захотим встретиться с ними лицом к лицу. Под влиянием различных культурных устоев эти не проверенные опытом возможности каждого из нас могут превратиться в нечто большее. С путешествиями приходит возможность отказаться от всего ранее известного. Впервые в жизни вы сможете понять, что делает вас самим собой. Это поставит перед вами такую задачу и испытание, с которыми вы никогда не сталкивались.

ЭТО МОЖЕТ БЫТЬ НЕЧТО НЕВЕРОЯТНОЕ

В каждом из нас есть часть, заложенная с самого рождения. Это основа нашего "я". Это то, как мы реагируем на внешние изменения и взаимодействуем с окружающим миром. Это дает представление о том, в кого мы можем превратиться, если позволят обстоятельства. Прошлое каждого из нас не определяет нашу сущность. То, что вы считаете сакральным для себя как личности, является лишь мимолетным убеждением. Это в вас говорит национально-культурный менталитет — заслон, останавливающий ваше развитие. Каждая новая точка зрения, любое непривычное воздействие — информация, заставляющая вас расти.

ВЫ МОЖЕТЕ ДУМАТЬ, ЧТО СТОЛКНЕТЕСЬ С ТРУДНОСТЯМИ

Изначально незнакомый и непривычный мир пугает. Отважиться окунуться в него — значит выжить за пределами привычной окружающей среды. Самый большой наш страх просыпается тогда, когда происходящее вокруг в корне отличается от того, к чему мы привыкли. Без привычных ограничений мы теряем себя для всего мира. Жизненные ситуации будут приходить и уходить. Правила, по которым вы играете, будут меняться и снова возвращаться в вашу жизнь. Вы не узнаете, какие из них работают, пока не поймете для себя, насколько все в мире может быть разным.

ВЫ УСПЕШНО РАСКРОЕТЕ СЕБЯ

Что останется, если вы снимете верхний слой со своего образа мышления? Воспоминания периода становления могут быть утрачены. Мы только думаем, что нуждаемся в них. Вы не обязаны жить как прежде. Никто из нас не является проекцией своего прошлого просто потому, что нам пришлось так прожить. Мы — образы того, кем мы могли бы стать. Все боятся того, кем они могут стать. Вы столкнетесь с этим страхом во время своего путешествия с целью познать мир.

ЭТО НЕ ТО, ЧТО ВЫ ДЕЛАЕТЕ

Приключения не являются конечной целью. Каждый необычный момент — отвлечение от проблемы. Маленькие неожиданные нюансы могут стольку научить вас! Всегда будет более новый опыт, который стоит получить. Ставки в игре будут все время повышаться. Путешествие окончится тогда, когда вы осознаете, что не найдете там ответов.

ЭТО ТО, ЧТО ВЫ НАЙДЕТЕ В СЕБЕ

Никто не находит себя за пределами внутреннего мира. Свобода не цель, которую нужно преследовать. Внимание должно быть обращено внутрь, на ограничения, которые беспокоят всех нас. Если вы начинаете путешествие, будучи уверенным в том, что все, кажущееся страшным, сложным и приносящим неудобство, на самом деле имеет ключ к прогрессу, вы не потерпите неудачу. Вы доберетесь туда, где вам нужно быть, меняя себя по пути.

ЭТО НЕ ЕСТЬ НЕЗАВИСИМОСТЬ

Независимость означает развитие без оглядки на прошлое. Она обеспечивает вам то, в чем вы всегда нуждались. Настоящее умение владеть собой — нечто большее, чем покорение мира вашему желанию. Путешествуя сами по себе, вы понимаете, что значит быть одному. Вы становитесь свидетелем своей трансформации тогда, когда пропали страховочные сетки и некому вас спасти. Вы узнаете, где заканчиваются ваши возможности.

ЭТО РАЗРЕШЕНИЕ ДАНО МИРОМ

Вы не можете изменить свою сущность. Вы лишь можете стать в большей или меньшей степени тем, кто вы есть. Мир подвергнется влиянию вашего развития. Он будет гнаться за вами. Он может восхищаться вами или осуждать, но не может оставаться прежним. Обретя себя нового, вы создаете новый мир, в котором существует эта новая личность. Вы измените вещи так, как вам это нужно. Это путь, который ждет вас, когда вы разрешите себе сосуществовать с миром.

ЭТО И ЕСТЬ ВЫ КАК ЛИЧНОСТЬ

Часть 1

Наш заурядный мир

ЖИЗНЬ В ВАШЕМ ПРЕДСТАВЛЕНИИ

Всем нам знакома типичная ситуация. Недовольный собой человек, которому все надоело, решает на определенное время оставить свою привычную жизнь. Он едет в экзотические места, чтобы получить возможность заново познать себя, посмотреть на свою жизнь под новым углом — окунуться в приключение, знаете ли — и вернуться домой другим человеком. Любой, кто не учился в колледже за границей, например в Европе, или не брал академический отпуск, чтобы поездить по Южной Америке, останавливаясь на ночлег в хостелах, может почувствовать себя обделенным, не получившим, возможно, важный поучительный опыт в своей жизни. Путешествия в молодости считаются современным способом вести полноценную и счастливую жизнь.

Я хочу, чтобы вы перестали думать о путешествиях в подобном ракурсе. Не ограничивайте такое потенциально яркое понятие столь привычной зоной комфорта. Путешествие позволяет свершиться такому странному явлению, как отречение от привычной жизни в пользу чего-то нового, пусть даже и ненадолго, перед возвращением к своей "нормальности". Изучая образ жизни других людей, мы получаем более глубокое понимание самих себя. Исследование помогает нам засомневаться в пределах восприятия реальности, которые были заложены в наших умах. Оно устанавливает связь с энергией коренных жителей, чтобы открыть нам то, чего мы раньше не знали, и увеличить уровень общей осведомленности об этом неизвестном. Мы также можем углубиться в самопознание и бросить вызов своей внутренней среде.

Традиционные туристические справочники показывают вам, как следовать тропами ваших предшественников. В них говорится, куда поехать и в какое время года. Эти книги внушают вам представление о том, какой необыкновенной и космополитной личностью вы станете, если подыметесь на горные вершины Непала, пойдете в туристический поход по рисовым плантациям Бали или станете волонтером в сельском поселении Кении. Этому есть альтернатива.

Существует глобальный подход к путешествиям по миру, который в корне изменит вас как личность. Через призму своего собственного опыта и знаний, а также принципов, которые они представляют, я покажу вам, чего стоит ожидать в процессе развития вашего восприятия. Вы начнете смотреть на окружающий мир глазами нового себя. В то же время вы получите практические советы и рекомендации о том, как быть гражданином мира, воспринимающим все внешнее пространство своим домом.

Все мы видим мир через призму своего субъективного восприятия, и это формирует нашу реальность — нашу персональную версию истины. Мы используем опыт прошлого, чтобы понять и осознать каждое новое впечатление и наблюдение, а затем добавить его в собственную комплексную интерпретацию того, как устроено все вокруг. Спустя некоторое время мы начинаем полагать, что разгадали правильную модель устройства реального мира. Чем с большим количеством шаблонных изменений мы сталкиваемся, тем меньше мы приспосабливаем наш собственный индивидуальный план ко вселенной.

А потом, совершенно неожиданно, вы становитесь свидетелем чего-то такого, что вмешивается в ваши планы и прекращает игру. Что-то случается за пределами структуры, над построением которой вы тяжело работали на протяжении всего жизненного пути, в процессе накопления опыта. Это может показаться безумством. Однако безумство — всего лишь невозможность разума согласовывать собственные убеждения с реальностью. Люди, уверенные, что они правы, не видят новых истин, не познанных ими. Они будут страдать, пока не достигнут нового состояния внутреннего равновесия. Вскоре после того как я стал путешественником, мне стало стыдно за те рамки понимания мира, которыми я был ограничен. Путешествия показали мне, насколько самонадеянным я был, чтобы осознать свое место в мире. Я не мог увидеть, что знакомая мне реальность была лишь одним из многих возможных миров.

Наш заурядный мир — это набор условий, который поддерживает ваше существование. Вы забываете об этом, как рыба забывает о воде. Вам может быть комфортно в этом мире всегда, однако вы не можете подготовить себя к любым изменениям до того, как они произойдут. Стресс — то, что с нами происходит, когда мы не можем изменить процесс достаточно быстро. Чем старше становятся люди, тем больше им нужно устойчивости, чтобы притупить эмоциональное напряжение, вызванное переменами. Все новое воспринимается как угроза. Когда случаются большие перемены, такие как потеря любимого человека или другое меняющее жизнь событие, мы должны сами определиться, как на них реагировать. Мы можем бороться с переменами, пытаясь с помощью силы воли сохранить привычный ритм жизни. Или можем поприветствовать изменения, сознательно адаптируясь к новым условиям. Чем более открытыми мы будем к переменам, тем менее сложным окажется для нас переходный период.

Иногда самые кардинальные перемены нам не навязываются. Порой мы сознательно оставляем наш заурядный мир позади, чтобы отправиться на поиски чего-то большего, поскольку недовольны тем, что имеем. Разум отклоняется от рамок типичного образа мышления, уплывая далеко за пределы общепринятых правил. Это "самоинициированный" вид стресса. В этом случае люди прикладывают немалые усилия для того, чтобы остаться незаметными и отстраненными от привычных повседневных забот и окружающего мира. Личностный рост для них — невероятное испытание. Жажда познать неведомое призывает их сделать нечто иное — стать чем-то большим в этой жизни. Настоящее всегда заставляет задуматься, что в мире есть еще много неизведанного. Существует еще много незнакомых жизненных укладов.

Большинство не готово очнуться от установленных парадигм своей жизни. Они замыкаются в пределах допустимых обществом действий. Даже традиционные представления о чужих культурных обычаях являются частью проблемы. Когда мы осмысленно пытаемся быть другими, мы берем пример со своих предшественников. Они расчищали путь, чтобы мы могли быть "обыкновенными неординарными" людьми. Настоящая уникальность или истинная преданность себе предполагает отречение от всех проторенных ранее дорог. Никто прежде не жил вашей жизнью. Никто не знает, что значит быть вами. Никто не знает всех ваших возможных проявлений, которые могут случиться после того, как вы полностью раскроетесь. Расширение кругозора — механизм для такой перемены.

Исследователи неизвестного и первопроходцы неустанно продолжают гнаться за трудностями. Они полагаются на свою способность разбираться во всем на ходу и готовы менять себя. Они не могут знать всех деталей, которые помогут им в этом. Они могут лишь подготовить свой разум к восприятию новой информации и последующей адаптации к ней. Они способны на это, поскольку их любознательность сильнее страха, испытываемого при отказе от знакомого с детства образа жизни. Моя цель — помочь вам взрастить стремление к познанию неизведанного и окончательно уничтожить ваш страх.

Когда вы задумываетесь о том, кто вы есть, вы не можете не думать о мире, который сформировал вас именно таким. Эта версия вас — лишь то, что вы знаете о себе на данный момент. Невзирая на это, вы действуете так, как будто знаете всю правду. Учитесь рассматривать свое прошлое как стартовую площадку — трамплин на пути к глобальным переменам, ждущим вас в случае вашей готовности к ним. Под этими переменами скрывается связующая их нить. Этот принцип — ваш путь — настоящий вы, с первых сознательных моментов и на каждом этапе вашей жизни. Эти события не обязательно должны соответствовать вашему культурному развитию. Они никогда не должны прекращаться.

Ваш заурядный мир — это то, как вы комплексно видите окружающий мир, взаимодействуя с переменчивостью как со слаженным механизмом. Все происходящее имеет свою причину, и ваш разум интерпретирует эти причины, исходя из текущего мировоззрения и основополагающих определений. Все, что вы называете нормальным, подчиняется пределам вашей осведомленности об этом. Когда нормальное перестает быть таковым, вы растете согласно знакомым ранее принципам. Вы больше работаете над собой в спортзале, потому что уже знакомы с этим видом дискомфорта. Вы читаете книги, потому что ваш разум испытывает чувство голода. Эти действия необходимы для непрерывного развития, но несопоставимы с великими тайнами мира. Это то, где знакомые нам правила жизни полностью перестают работать.

Когда трудности направлены не только на человека, но и на саму природу интерпретации разумом происходящего вокруг, могут произойти важнейшие изменения в восприятии. Это способствует возвращению обратно в мир множества вопросов, который вы знали, пока не стали взрослым. Контролируемое бегство привлекательно и действенно. Путешествия приносят в нашу жизнь резкие перемены, но в таком виде, что мы можем сознательно управлять ими. Каждый из нас устанавливает для себя пределы того, насколько далеко он хочет зайти в плане неординарности и как много времени готов этому посвятить. Как только мы преодолеем самую важную часть в познании чего-то нового и приблизимся к точке своего предела, мы можем вернуться к привычной жизни. Заурядный жизненный уклад всегда будет ждать вас, если вы устанете от активного развития. Это место, где вы выросли, люди, которых вы знаете, и повседневные задачи, создающие ваше восприятие времени. Это схема действующих принципов в вашем сознании. Она рассказывает вам, кем вы являетесь, что вам делать и почему вы вообще должны о чем-то беспокоиться.

Когда вы едете в незнакомую страну, вы теряете способность подсознательно ориентироваться, и это бросает вызов всему, что вы считаете нормальным в жизни. Внезапно вы начинаете сомневаться даже в самых фундаментальных вещах. Воздух может иметь другой привкус. Люди передвигаются необычно.

Пешеходные дорожки более узкие, а здания окрашены в странные цвета. Непривычно все вокруг. Каждая деталь важна. Все требует вашего неустанного внимания. Эти незаметные перемены влияют на восприятие вами своего места в новом окружении. Именно поэтому путешественники часто не чувствуют себя вышедшими за пределы понятия "турист", пока не проведут хотя бы несколько месяцев на новом месте. Столько времени должно пройти, чтобы разум счел новые правила жизни нормальными. Во время путешествий ваше восприятие реальности должно постоянно развиваться.

Но когда вы проведете немного времени на одном месте, то неосознанно освоитесь и адаптируетесь. Как только вы научитесь жить как местные, вы достигнете более глубокого состояния отождествления с условиями, формирующими жизнь человека в микрокосме нашего мира. Эта адаптация наполнит вас уверенностью в собственных силах, поскольку вы будете знать, что не брошены выживать в одном конкретном месте. Вы откроете в себе внутреннюю силу, которой раньше не обладали. Вы сможете внимательно наблюдать за окружающим миром, меняясь при необходимости, подобно тому как определенные виды животных приспосабливаются к климатическим условиям конкретной местности. Когда среда обитания расширяет свои границы, то же делаете и вы. Вы больше узнаете. Вы растете.

Читая эту книгу, вы получите навыки, необходимые для более разборчивого анализа своей жизни. Вы начнете испытывать себя за пределами давно знакомых жизненных рамок. Общепринятые ценности заставляют вас жить по установленному плану. Вместо этого я призываю вас взглянуть на жизнь как на кладезь нескончаемых возможностей. Единственные рамки — законы природы, а не представления человека. Вы — единственный, кто должен будет жить той жизнью, которую вы сами для себя построите. Только вы создаете правила и являетесь судьей своей жизни.

Не ждите принятия перемен своим сознанием. Ищите возможности в текущих условиях. Они всегда рядом, но приложите усилия, чтобы распознать их. Автономное мышление — бессознательная часть вас, которая уже знает, как добраться до работы или как ощущается земля под ногами, — не может распознать ничего вне привычного жизненного уклада. Не существует способа классифицировать такую значительную перемену.

За практически десять лет с того момента, как я, восемнадцатилетний, покинул дом в Сан-Диего, в котором я вырос, чтобы исследовать наш мир, понятие путешествия сильно изменилось для меня. Это не значит быть исключительным и неординарным, как было вначале. Это означает для меня познание себя через новые впечатления.

После того как я бросил вызов своим изначальным убеждениям, путешествия стали не просто способом оторваться от монотонного ритма жизни. Они стали единственным источником постоянного ускорения моего личностного роста. Хаотичность того раннего этапа вывела меня из зоны комфорта. Это встряхнуло меня до мозга костей, заставляя увидеть то, что я не хотел принимать в себе и окружающем мире. То же может произойти и с вами. Я могу дать вам руководство, которого у меня никогда не было и которое, возможно, сделало бы мой путь более терпимым в самые сложные моменты.

Вы должны захотеть встать на собственный путь деконструктивизма, исследования и обновления. Делая такой смелый выбор, вы настраиваете себя на жизнь, которая будет гораздо труднее, интереснее, увлекательнее, временами печальнее, но однозначно стоящей всего этого. Она будет "больше" во всех отношениях. Это будет жизнь, управляемая страстью, подходящая для развития вашей личности — понятия, отличающегося от простого существования. Альтернативой является принятие ограничений, которые мир уже установил для вас. Это значит провести остаток своих дней, будучи более ограниченным в возможности активно самовыражаться. Вы будете жить только по правилам, позволенным вашей окружающей средой с ее коллективным мировоззрением. Я надеюсь, что истории и уроки моей необычной жизни хоть немного облегчат вам этот процесс.

Никто другой не находится на вашем месте. Никто другой не живет вашей жизнью. Ваши начальные условия — только ваши. Ваши ценности и склонности — только ваши. Ваш конечный пункт назначения — вы сами, отдельно от друзей и близких.

ЧАСТЬ 2

Навстречу приключениям

ЗНАКОМСТВО С МИРОМ ИССЛЕДОВАНИЯ НЕИЗВЕСТНОГО

Каждый молодой человек в процессе поиска самого себя должен пройти период раздумий над важными вопросами. Однако, как только дверь откроется, неизвестно, куда она приведет. Он может сомневаться, все ли из того, что ему когда-либо рассказывали, является ложью и действительно ли те, кто учил его принципам жизни, сами все знают о них.

Это было удручающее заключение, к которому я пришел в то время, когда оставил свой заурядный мир, чтобы начать знакомство с миром исследования неизвестного. Путешествия должны были стать инструментом, с помощью которого я смогу найти ответы на основополагающие жизненные вопросы. Я должен был своими глазами увидеть, как устроен мир, независимо от того, насколько далеко мне пришлось бы уйти от всего хорошо знакомого. Возможно, подобными вопросами задавались и вы во время кардинальных перемен в своей жизни, когда казалось, что все, в чем вы были уверены, вмиг изменилось. Может, сейчас вы находитесь на этапе размышлений и сомнений, что и заставило вас задуматься о путешествиях. В них заложены семена исследования неизвестного, и они прорастут в подходящей почве.

В детстве и юности я жил скучной, заурядной калифорнийской жизнью. Это была стандартная установка, соответствующая образу жизни моих предшественников. Люди, которые проводят все время на одном месте, склонны делать значительные предположения о том, что же происходит за родными стенами. Ограниченность и шаблоны моего пляжного городка в районе Сан-Диего автоматически накладывались и на меня просто потому, что я там рос. На протяжении всего моего детства граница с Мексикой — другой страной с другими людьми, языком и законами — располагалась в сорока минутах езды на юг от места, где я жил. При этом я, как и большинство коренных жителей Сан-Диего, практически ничего не знал о том, что же находится за той условной линией границы.

(Спустя несколько лет я фактически переехал жить в Розарито-Бич — город, относящийся к муниципалитету Тихуана и расположенный южнее мексиканской границы с США. Еженедельно я приезжал в Сан-Диего навестить свою мать и выполнить кое-какую работу. При каждом пересечении границы резкие отличия в темпераменте, стоимости жизни и культуре давали мне новое понимание сознательной неосведомленности моих калифорнийских земляков.)

Я, как и те, с кем я вырос, знал немного о внешнем мире, потому что для меня не было смысла узнавать об этом больше. У меня было все, что соответствовало стандартам верхушки среднего класса жителей пригорода. Это делало меня слишком самоуверенным в отношении понимания того, как устроен мир. Честно говоря, я еще даже не понимал, как устроен я сам. Тем не менее под внешней оболочкой мягкого воспитания скрывалось реальное желание подвергнуть сомнению заложенное во мне мировоззрение. Принципиальное любопытство разжигало во мне стремление увидеть больше собственными глазами. Решение действовать по зову любопытства изменило все.

По достижении совершеннолетия я начал копаться в себе и исследовать окружающий мир.

Мне посчастливилось унаследовать небольшую сумму денег, которая помогла мне оценить все прелести жизни без трудностей. Из-за своей бунтарской натуры я нуждался в тех самых психологических границах, которые присутствуют в умах других людей, недавно ставших взрослыми, когда они размышляют над тем, что же делать с новообретенной свободой. До этого я жил в фургоне. Это был самый быстрый способ выскользнуть из-под удушающей опеки моих родителей и стать самому себе хозяином. Однако теперь моя жизнь в фургоне закончилась и пришло время развивать себя на более масштабном игровом поле.

Практически каждый взрослый, встречавшийся в моей жизни, пытался заставить меня как можно скорее поступить в колледж. Несмотря на то что я многого тогда не знал, я отчетливо понимал, что хочу в жизни чего-то другого. Я выбрал иной путь, основанный на импульсном порыве и страсти. Многие посчитали бы мой выбор на этом этапе жизни безответственным и недальновидным и оказались бы правы. Ведь все они руководствовались желанием направить мою жизнь на реализацию того потенциала, который, как я и сам знал, у меня был.

Раньше я никогда не путешествовал и даже особо не интересовался этим. Однако когда представилась возможность съездить к другу в

Центральную Америку, я испытал невероятный всплеск эмоций. Я тотчас же сел на самолет до Коста-Рики, совершенно не зная испанского языка и не имея ни малейшего представления о местной культуре, а также билета в обратную сторону. Кроме того, я знал недостаточно, чтобы опасаться того, что может ждать меня после приземления и какое влияние мои действия окажут на весь мой дальнейший жизненный путь. Движимый отчаянием, я пытался получить больше, чем имел дома. Моя конечная остановка могла быть где угодно. Я не брал академический отпуск для поездки за границу и не убегал от житейских проблем. Я хотел приблизиться к большей осведомленности о реальном мире, имея скудное представление о том, куда приведет меня этот путь.

Последующие девять месяцев жизни в Коста-Рике были периодом бесцельного просвещения. Впервые со времен детства я жил без обязательств делать что-либо с какой-то конкретной целью. Здесь не было невольного влияния домашней среды. Бесчисленные ограничения, ощущаемые дома, исчезли. Как только сознание открылось, я стал экспериментировать с новыми способами мышления и поведения так же, как калифорнийские подростки экспериментируют с наркотиками.

Практически каждое утро я часами лежал в кровати, вполуха прислушиваясь к звукам неизвестных мпе ранее представителей дикой фауны. Все мои чувства, казалось, гармонировали с окружающим миром, и это напоминало состояние маленького ребенка, который видит все впервые. Коста-риканский кофе по-прежнему удерживается в моей памяти как свежее впечатление — полноценная биохимическая ассоциация в моей схеме реальности. Это служит мне напоминанием о том, какими классными бывают вещи, по крайней мере, что касается кофе.

Каждый день я подолгу рассматривал невероятные растения, окружающие меня, оценивая их яркие цвета. Обычные фрукты в благоприятных условиях джунглей вырастали до огромных размеров. Экзотические плоды росли на заднем дворе моего жилища и наполняли уличные торговые лавки поблизости. Каждый день я занимался лишь тем, что хотел делать в тот или иной момент. Любое неожиданное отличие знакомых ранее вещей вдохновляло меня еще больше. Я стал интуитивно понимать, что в этом больше жизни, чем во всем, что я знал дома.

Имея обостренное чувство значимости своего времени, я активно изучал все то, чем раньше вообще не интересовался. Мое понимание искусства и культуры расцветало. Я открыл для себя сборники классической музыки и влюбился в композицию под названием La Fille aux cheveux de lin (The Girl with the Flaxen Hair) — творение французского композитора-импрессиониста XIX века Клода Дебюсси. Мне всегда нравилась музыка из популярных фильмов за свою способность рассказывать историю с помощью одних только звуков. Музыка Дебюсси подобным образом рисует картины, но столетием раньше. Она показала мне новую сторону оркестрового исполнения, скрывающуюся за размашистыми движениями рук музыкантов, с которыми каждый ассоциирует классические композиции. Она позволила мне глубже понять произведения авторов разных временных эпох, в том числе и давно прошедших.

Моим следующим пробуждением было одно из научных открытий. Во время длительных сеансов чтения я наткнулся на два тома в твердой обложке — "Путеводитель по науке" в двух частях, написанный знаменитым Айзеком Азимовым. Эти книги сильнее всего повлияли на мое интеллектуальное развитие. Я прочитал множество коротких научно-фантастических рассказов Азимова за предыдущий год, но не знал тогда, что он также по праву является признанным и многоуважаемым ученым. Я восхищался его талантом вводить передовые научные принципы в свои художественные произведения. Он мастерски умел объяснять сложные научные концепции так, что рассказ становился понятным и вдохновлял читателя узнать больше о принципах, описанных в нем.

Исследование научно-популярных работ Азимова в течение этого периода положило начало интеллектуальной перестройке во мне. Азимов делился своими соображениями о том, как выдающиеся умы рода человеческого докопались до фундаментальных истин о нашей вселенной. Его подход к образованию был невероятно рациональный, показывающий хронологию концепций так, что одно важное научное открытие подготавливало почву для следующего. Для того чтобы разобраться в сложных живых организмах, вначале нужно понять функционирование специализированных клеток, которые формируют эти организмы. Его объяснение строения сложных молекул базировалось на предварительных пояснениях о простых атомах и, наконец, основополагающих законах физики.

До Азимова никто не объяснял мне, как людям удалось так много узнать о нашей планете или как каждое научное открытие так плавно интегрировалось с другими. Я наконец понял, что все знания были частью общей схемы, от очень простых до самых глобальных утверждений о реальном мире. Такой интегрированный способ мышления придал мне уверенности в моей аналитической способности находить правильные решения повседневных житейских проблем. Поскольку я мог системно классифицировать новые полученные знания и проверять их правдивость, я имел возможность поддерживать высокий темп своего интеллектуального развития.

Все это происходило в то время, когда мне довелось жить с человеком, имевшим невероятно яркую историю жизни. Чтобы подчеркнуть его авторитет, здесь я буду обращаться к нему Свами, как обычно он сам в шутку себя называл. Свами провел более десяти лет в Индии, будучи телохранителем Ошо — знаменитого "духовно неправильного мистика" — во время стремительного роста его популярности на Западе. Позже он сложил свои вещи в лодку и поплыл на остров возле Канады, где провел последующие семь лет в одиночестве, удовлетворяя лишь первоочередные биологические потребности. Свами знал очень много, и я завидовал его абсолютной независимости и форе, которую он давал мне в свои 40 лет.

Свами был первым, от кого я услышал рассуждение о традиционных религиозных концепциях без догматических утверждений и самовольства. Все, о чем он говорил, могло основываться на личном опыте человека в любой момент его жизни. Это никого не обязывало учить историю какой-нибудь древней религии, следовать по стопам какого-то духовного вождя или овладевать некими эзотерическими практиками. Его слова основывались на концепции концептов — чего-то такого, что очень увлекало логика, живущего во мне. Концепты были моим полем деятельности. Это были инструменты, которыми я мог пользоваться. Рассказ Свами показал мне, что величайшим достижением личности на пути к познанию себя может быть то, от чего предостерегают многие религиозные течения. Здравый рассудок и эго не являются врагами истинному "я". Это важные союзники.

Обретя новое понимание искусства, науки и духовности, я был готов к началу самого стремительного этапа в моем личностном развитии. Это никогда не стало бы возможным, если бы я не вытянул себя из привычного окружения. Когда старые правила жизни перестали иметь для меня значение, я был волен выбирать свой собственный путь. Я мог исследовать, какие жизненно важные аспекты моей личности остались после того, как исчезло мое окружение.

Для дальнейшего развития нового себя и разрушения старого я собрал небольшой рюкзак и приготовился уйти на некоторое время в джунгли, подальше от людей. Я хотел увидеть, кем стану, когда исключу из своей жизни даже основные меры безопасности. Я шел по прямой, пока не устал, и для ночлега соорудил себе маленький шалаш из упавшего дерева, пальмовых листьев и паракорда. Я хотел избавиться от всего, что отвлекало меня от познания самого себя. Мой внутренний исследователь должен был увидеть, в кого я превращусь, когда не нужно будет оправдывать ожидания других людей. Я понял, что мой мыслительный процесс существенно замедлился. С каждым днем я терял очередную частицу себя, будучи не совсем уверенным в том, что придет ей на смену.

Вскоре я начал общаться с индейским племенем брибри, населяющим коста-риканский кантон Таламанка, который находится возле границы с Панамой. Они пригласили меня остановиться на несколько недель у них в резервации, куда нужно долго добираться на каноэ сквозь джунгли. Племя не разговаривало на английском, а я все еще с трудом изъяснялся на испанском. Это было испытание, данное жизнью, к которому я медленно готовился. Брибри жили в хижинах из бамбука, выращивая и собирая бананы и какао-бобы как для себя, так и на продажу. Было потрясающе стать свидетелем того, как эти люди сохраняли свой культурный быт вдалеке от основной части общества. Вопреки переменчивому миру вокруг, они оставляли неизменной свою культурную идентичность, выражающуюся в языке, ценностях и образе жизни.

В Коста-Рике я стал кем-то новым, потому что позволил себе заполнить гораздо большее пространство внутри себя. Это была новая система граничных условий для исследования своей сущности. Я был волен думать о том, чем же действительно хочу заниматься, исходя из моих истинных ценностей. Это роскошь, которую многие люди никогда не могут себе позволить, независимо от того, как долго они живут. Они идут по наиболее знакомым тропам, не желая сталкиваться с неудобством, вызванным переменами. Именно так люди теряются для динамичного мира. Они перестают быть теми, кем являются, и становятся ответом на требования своего окружения.

Когда я наконец вернулся в Калифорнию, практически через год после отъезда, то увидел лишь отсутствие гармонии и счастья. Мне понадобилось не так много времени для понимания того, что преимущества, приобретенные мною за границей, были несовместимы с жизненными рамками моих родных мест. Я почувствовал то, что путешественники называют обратным культурным шоком, — внезапную невозможность адаптироваться к знакомой ранее обстановке. Друзья, семья и даже любимая женщина общались со мною новым, представляя себе меня прежнего. В их глазах я не был тем, кто провел последние девять месяцев, копаясь в себе. Для них это выглядело так, будто я взял продолжительный отпуск и поехал в популярную среди туристов местность. Я уклонился от потребностей "реального мира". Теперь же пришло время опуститься на землю и жить по установленным стандартам.

В одночасье я перестал быть настолько живым и самобытным и почувствовал себя отпрыском социальных устоев общества, в котором вырос. Я понял, почему настоящий путешественник больше не может вернуться домой. Он меняется, однако все вокруг остается неизменным. Тот, кем я был практически всю свою жизнь, на самом деле оказался нереальным. Это был лишь персонаж в бесчисленных чужих рассказах. Каждый человек в моей жизни был автором хорошо продуманных историй об искаженных версиях меня, удачно вписывающихся в мировоззрение этих людей. Без их постоянного влияния я стал тем, кто больше не похож на персонажа их рассказов.

Так началось мое путешествие в глубины собственного "я". Идти было некуда, кроме как дальше по дороге познания и исследования своей личности и всего неизвестного, что меня окружает. Все, описанное далее в моей истории, — единственный возможный вариант развития событий из-за того первичного прыжка в неизвестность, который я сделал в критический момент своего развития. Останься я в зоне комфорта в Калифорнии, сомневаюсь, что я когда-нибудь испытал бы себя как личность такими действенными способами, как это происходило за последние десять лет.

Энергия активного мышления должна куда-то направляться, в противном случае она рассеивается и становится разрушительной. Это подобно тому, что я мог бы оказаться значительно более несостоявшимся человеком, если бы у меня не было возможности следовать своим амбициям. Я бы вырос обижешым на жизнь и обвинял бы общество в своей неспособности раскрыть собственный потенциал. Именно поэтому для меня было так важно познать независимость и открыть в себе способность быстро приспосабливаться к окружению. Я бы хотел, чтобы обстоятельства заставили меня встать на подобный путь лет в 12 или 13 вместо 18. Я мог бы сделать нечто более полезное вместо безрассудной траты времени в юности. Теперь мне необходимо было наверстать упущенное. Я нуждался в новой информации об окружающем мире. Мне нужно было понять, кем еще я мог бы стать, если бы искупил вину прошлых лет и дружелюбно встретил еще большие трудности. Не было другого занятия, кроме путешествий, которое бы способствовало такому глубокому и быстрому личностному росту. Я зациклился на подвергании себя все более серьезным испытаниям. Дверь была открыта, и я не знал, как закрыть ее.

Чем старше становится человек, тем сложнее ему сделать первый решающий шаг в сторону от общепринятых культурных норм родной среды. Развитие разума с возрастом замедляется. Из-за произвольных правил, которые еще в детстве вбивают нам в голову, мы все становимся прародителями этих ограничений для будущих поколений. Это не обязательно должна была быть Коста-Рика. Это могло произойти где угодно, но главное — вдалеке от всего ранее знакомого. Мне лишь нужно было оказаться достаточно храбрым, чтобы сказать "да" появившейся возможности.

Сегодня существует множество блогеров-путешественников, которые побуждают своих читателей оставить работу, продать дом и отказаться от своей прежней жизни, чтобы жить так, как они. Я не собираюсь говорить вам, чтобы вы поступали так же. Я не знаю причин, по которым ваша жизнь устроена именно так, как есть. И я не могу утверждать, что вам нужно то же, что и мне. Я лишь точно знаю, что перемены должны с чего-нибудь начаться. Куда более приятно самому оказаться инициатором таких перемен, чем если бы они произошли под влиянием внешних ударов судьбы.

Так же, как "Путеводитель по науке" Азимова научил меня по-новому смотреть на структуру знаний, я расскажу вам о новом способе упорядочить свою собственную жизнь. Но начинается все с выбора, открывающего дверь к стремительному росту. Для меня этой дверью стала буквально посадка на самолет. Разберитесь, что окажется таким самолетом в отношении ваших жизненных обстоятельств. И когда транспортное средство, которое доставит вас в нужное место, подвернется, вы должны быть достаточно отважным, чтобы купить билет и начать свое путешествие в мир неизвестности.

ЧАСТЬ 3

Отправление от знакомого

ПРИНИМАЯ НЕВЕДОМОЕ

Прошло более девяти лет с тех пор, как я начал новую жизнь, оставив знакомый мне мир ради того, чтобы попробовать пожить в чужой стране — Коста-Рике. В то время я путешествовал с мировоззрением калифорнийца, глядя на незнакомую часть мира через призму новизны. Со мной были мои привычные культурные устои как единственная точка зрения, объясняющая мне все увиденное впервые. Сейчас я просто путешествую в неизвестность.

Поскольку у меня нет постоянного местожительства, любое место на земле я воспринимаю как свой дом. Десятилетие путешествий по миру подарило мне ценнейший опыт, на который я могу опираться, пытаясь понять каждую новую локацию, в которой оказываюсь. За это время я постепенно превратился в личность, которая может легко переезжать с места на место и быстро решать проблемы по мере необходимости. Увиденная мною странность или что-нибудь отвратительное больше не влияют на мое восприятие себя. Я знаю только принцип, которым руководствуюсь и который каждый день ведет меня дальше, к новым впечатлениям.

Я пишу сейчас у подножия Атласских гор — самого высокого горного хребта в Северной Африке. Несмотря на то что я не пеший турист, подъем повыше служит побегом из знойной августовской жары и шума древнего города Марракеша, главного туристического узла Марокко. Впервые я посетил эту страну полтора года назад, приземлившись в более современном приморском городе Касабланке, чтобы встретиться с молодой марокканкой, с которой познакомился в Интернете. Несмотря на различия наших культурных устоев, я планировал построить с ней романтические отношения. Она мусульманка, я — нерелигиозный человек. Она выросла в мире, где ограничиваются основные права и свободы женщин. Я построил свой внутренний мир на принципе всестороннего исследования. Это была интересная связь, которая в итоге, к сожалению, оказалась нежизнеспособной.

В прошлом месяце я переехал в 44-ю новую для меня страну, перелетев на самолете из Берлина в Брюссель. Хотя я попал в Бельгию из Германии, я не могу по-настоящему включить последнюю в список посещенных мною стран. Я прибыл в аэропорт Берлина на ночном автобусе из польского города Катовице. Моя нога не ступала по Германии нигде, кроме как возле аэропорта. Это, по всем практическим меркам, всего лишь остановка на пути к действительному месту назначения, и я не получил здесь никакого опыта и впечатлений. Бельгия была последним пунктом в путешествии, которое началось в предыдущем месяце в Киеве (Украина). Бывшие страны Советского Союза, расположенные в Восточной Европе, в последнее время очень заинтересовали меня. Из Украины я отправился в Минск (Беларусь), где сел на поезд и поехал на восток, через российскую границу, до Москвы, затем на север до Санкт-Петербурга, а потом переехал в Шенгенскую зону европейских стран, отправившись обратно на запад в сторону Таллина (Эстония). Теперь я был готов обосноваться на какое-то время в одном месте.

Шенгенская зона — это сообщество европейских стран, ограниченное Исландией, Португалией, Грецией и Финляндией (не включая Великобританию, Ирландию и Хорватию), с открытыми границами между государствами —

членами соглашения. Жителям любой из этих стран не нужно ставить штампы в паспорте при поездке в любое другое государство Шенгенской зоны. Для граждан других стран, таких, как я, это также означает, что штамп при пересечении границы ставится лишь дважды — при въезде в любое первое государство этой зоны и еще раз при выезде из Шенгена, даже в том случае, если я въехал туда через одну страну, а выезжаю через другую. Как гражданин Америки я получаю право безвизового въезда в Шенген с туристической целью на 90 дней каждые шесть месяцев независимо от того, в какой именно стране я проведу эти дни. Для того чтобы пробыть там три месяца, перед этим я должен провести столько же вне Шенгенской зоны. Если бы я провел лето, скажем, в Италии, я бы должен был подождать целый сезон где-нибудь за пределами зоны, прежде чем вернуться в Словению или Швейцарию. Система виз — одна из тех деталей, о которых я должен помнить, ведя кочевой образ жизни.

После Таллина я отправился на автобусе на юг, остановившись вначале на несколько дней в Риге (столице Латвии), а потом в Вильнюсе (столице Литвы) перед тем, как прибыть в Варшаву (Польша). Зачастую автобусы являются самым дешевым сухопутным способом посетить какую-либо страну. В маленьких развивающихся государствах на автобусе можно всего за несколько долларов добраться из одного конца страны в другой. Европейские автобусы стоят дороже, но они более комфортабельные и часто предлагают Wi-Fi на борту, а это значит, что я могу работать во время поездки. Когда я так быстро посещаю новые места, я ищу что-нибудь очень оригинальное и примечательное, чтобы запечатлеть это в своей памяти. За исключением бессловесных зеленых насаждений в некоторых местностях за пределами Таллина, я не увидел для себя другой важной причины вернуться туда еще раз. Не было ничего такого, что могло бы бросить мне вызов — ни как путешественнику, ни как личности. В большинстве случаев я скорее посещу те страны, где еще не был, чем стану возвращаться в те, которые ничем для меня не запомнились.

Подсчет количества государств, в которых я побывал, является не таким простым и ясным, как вам может показаться. Это зависит от того, что считать страной и что можно назвать пребыванием там. Согласно большинству официальных источников, сейчас на Земле существует 196 суверенных государств. Однако обозначенные границы не всегда так однозначны. Соединенное Королевство, к примеру, политически является одним государством, но Англия, Уэльс, Северная Ирландия и Шотландия весьма отличаются в культурном отношении и считают себя отдельными странами. Политически суверенное государство Ирландия до сих пор противостоит

Соединенному Королевству, несмотря на то что полностью окружено им. Я задался целью хотя бы бегло посетить каждую из этих стран, когда ездил в Соединенное Королевство прошлым летом. Великобритания также распространяет свою власть на 14 британских заморских территорий, таких как Британские Виргинские острова и Бермудские острова. После Марокко я вернулся на пароме в Испанию и переночевал на одной из этих территорий — полуострове Гибралтар. Я счастлив включить это место в свой список как 45-ю "страну", которую я посетил.

Кроме того, существуют спорные территории, которые их население считает суверенными, но большинство великих держав не признает. У каждой из них есть территориальные претензии со стороны более сильных политических единиц. По некоторым подсчетам, сейчас не менее 124 стран вовлечены в активные споры о 105 различных территориях. Тайвань требует независимости от Китая, и его суверенитет признают как минимум 25 других государств. Но попробуйте упомянуть об этом перед кем-либо в Китае, и вы тотчас будете депортированы или отправлены в китайскую тюрьму.

В прошлом году у меня была возможность попасть на спорную территорию Арцах (известную под названием Нагорно-Карабахская Республика) во время изучения истории моей семьи в Армении — государстве с длительными пограничными спорами. Будучи культурно близким Армении, Арцах расположен за границей с Азербайджаном. Армянам и их потомкам навечно запрещено въезжать в Азербайджан, а попасть в Арцах из Армении значит въехать в эту страну нелегально. Это дает основание для ареста или присвоения статуса "персона нон грата". Чтобы въехать в Арцах, мне необходимо было получить визу в их посольстве в столице Армении Ереване. У Арцаха есть свои флаг, правительство и паспорт. Но, поскольку ООН не признает его, он остается исключенным практически из всех официальных международных отношений. Несмотря на это, я собираюсь включить это место (наряду с Англией, Уэльсом, Северной Ирландией и Шотландией) в мой персональный список посещенных стран.

Хотя я родился гражданином Соединенных Штатов, иногда я путешествую по армянскому паспорту. Это позволяет мне не только въезжать без визы в некоторые страны бывшего Советского Союза, что было бы невозможно с американским паспортом, но и останавливаться в некоторых из них с туристической целью на неограниченное время. Мне посчастливилось получить армянское гражданство в начале 2016 года благодаря тому, что мои предки два поколения назад жили в Армении. Моя бабушка по фамилии Гоекджан, будучи маленькой девочкой, вместе со многими другими преследуемыми армянами 100 лет назад сбежала от геноцида турков в Лос-Анджелес.

Сейчас Армения является одной из тех стран, в которых действует программа "Гражданство по происхождению" для людей, способных доказать свое происхождение от гражданина такого государства. Другими странами, реализующими подобные программы, являются Болгария, Хорватия, Ирландия, Израиль, Италия, Литва, Польша, Руанда, Сербия, Турция и Украина, хотя специфика такой программы в каждой из них различна.

В качестве яркого примера можно привести Россию как страну, печально известную своим строгим подходом к посещению ее американцами даже в качестве туристов. Для получения визы въездные документы должны быть заполнены задолго до планируемой поездки. Я имел возможность обойти эти правила, потому что Армения и Россия пребывают в дружеских отношениях. Аналогичным образом, если бы я когда-нибудь захотел поехать в Узбекистан, Мозамбик, Иран или даже Бразилию, мне было бы оказано гостеприимство и предоставлен безвизовый въезд, чего я не получил бы как гражданин США.

Возникает также вопрос, что же значит понятие "побывать в каком-то месте". Если считать остановки в аэропортах или быстрый проезд транзитом через одну страну с целью попасть в другую (подобно моему переезду из Польши в Бельгию через Германию), было бы очень легко добавлять такие государства в список посещенных мест. Для путешественников в Европе считается обычным явлением транзит через несколько стран поменьше во время поездки на одном двадцатичасовом поезде. Но разве можно считать место посещенным, если вы даже не выходили из вагона? С моей точки зрения, я должен законно въехать в страну и провести там хотя бы один день, наблюдая за жизнью местного населения. Я провел ночь в Боготе (Колумбия) на обратном пути из Эквадора в США, когда мне было 20 лет. Несколько месяцев назад у меня был ночной переезд из Загреба (Хорватия) в Любляну (Словения) и обратно с целью навестить друзей. Оба эти города я отметил для себя, хотя другие путешественники могут руководствоваться своими собственными стандартами.

Знаменитое высказывание Марка Твена "Путешествия губительны для предрассудков, ханжества и ограниченности" является не совсем правильным. Собственные впечатления от того или иного места могут как развеять, так и укрепить существующие стереотипы. Как все сложится, зависит от того, насколько предшествующие ожидания совпали с фактической действительностью. Если вы слишком строги в своих взглядах, вы будете воспринимать новую культуру через призму своей предвзятой точки зрения. Это то, что заставляет отфильтрованный разум обращать внимание только на то, что он готов увидеть или что может интегрировать в свое мировоззрение. Хотя полностью отбросить такие общие правила было бы ошибкой. Они могут содержать определенную достоверную информацию, которая сэкономит время и силы и избавит от ненужных мучений.

Негативные культурные предубеждения иногда лишь частично имеют реальные основания. Если вы внимательно посмотрите, то найдете плохие стороны в жителях любой страны. Вы можете игнорировать эти наблюдения и сохранить политически корректную точку зрения. Вам может казаться, что вы избегаете дискриминации в любой непонятной ситуации. Вы хотите сохранить имеющиеся удобные представления о месте, которое вам очень нравится. Вы можете также пострадать, если столкнетесь с реальностью.

Когда вы путешествуете, вы оказываетесь в рамках зарубежных культурных стереотипов. Для жизни в этом обществе вы приспособите свое поведение, чтобы вписаться в понятные ему критерии. Если вы отходите от критериев допустимого поведения слишком далеко, иммунная система общества откорректирует ваши действия. Каждый разум готов принять только определенные вещи. Если вы собираетесь активно развиваться в течение любого по длительности периода, вы должны увидеть, какие ценности повлияли на поведение людей вокруг вас. Если вы растете, зная об их ожиданиях, вы начнете намного лучше понимать свои предубеждения.

Если бы в ближайшее время вы рискнули поехать в Ирак, то, возможно, почувствовали бы непередаваемое тревожное ощущение беды. Хотя возле вас может не упасть ни одной бомбы, вы все равно увидите, что вероятность такого происшествия отразилась на людях, живущих там. На протяжении трех месяцев пребывания в Ираке в 2013 году я работал в частном учебном заведении в Эрбиле, городе в северном курдском регионе, далеко от более кровопролитной столицы — Багдада. С остатками цивилизации, существование которой в цитадели датируется 5000 годом до н. э., Эрбиль удерживает рекорд как самое древнее постоянно населенное место на Земле. Когда я ехал из аэропорта в город вместе с директором школы, я сообщил ей, что это мой первый визит на Ближний Восток. Ей стоило бы заблаговременно рассказать мне о существующих стереотипах поведения с учетом местной культуры, которых мне стоит избегать. Несмотря на курдское происхождение, она много лет прожила в Великобритании, так что отлично понимала, насколько остальной мир может отличаться от Ирака. Она сказала, что мне особо не о чем волноваться и она разъяснит любые детали в нужное время.

Мы зашли в ресторан, и молодая девушка в хиджабе с кожей оливкового цвета приняла у нас заказ. Как только директор школы отошла от нашего столика, я попросил нашу официантку рассказать о жизни в Эрбиле. Когда моя спутница увидела меня беседующим с этой девушкой, она схватила меня за руку с разинутым ртом. Тихим, но твердым тоном она предупредила меня, чтобы я никогда не разговаривал с молодыми иракскими девушками прилюдно. Только в тот момент она решила объяснить мне: если до семьи девушки дойдет, что та флиртовала с белым мужчиной, ее, вероятнее всего, побьют отец и братья. В худшем случае это может привести к убийству чести — культурной традиции, оправдывающей убийства членов семьи ради сохранения ее чести. Предполагается, что не менее 1000 женщин в год убивают собственные семьи за интимные отношения вне брака, замужество с иноверцем или за то, что она стала жертвой изнасилования.

В июле 2016 года убийства чести подверглись огромному общественному вниманию после того, как модель Кандил Балоч, "пакистанская Ким Кардашьян", была задушена собственным братом. В чем ее вина? Она опозорила семью, разместив в социальных сетях слишком откровенные фотографии. Убийства чести считаются законными или предполагают бессмысленные наказания во многих исламских странах. И там, в ресторане, я сидел в недоумении, почему директор школы не удосужилась заранее рассказать мне об этой культурной особенности, которой стоит остерегаться. После этого случая я учился вести себя тактично в иракском обществе, хотя так и не узнал, пострадала ли девушка из ресторана из-за моего незнания их жизненных правил.

Притом что я, будучи молодым американцем в Ираке, не ощущал никакой враждебности, происходили бесчисленные странные вещи, которые давали понять, что не все так гладко. Школа, в которой я преподавал, была частной и дорогой. В ней соблюдались строгие академические стандарты международного уровня, так что ученики младших и средних классов производили глубокое впечатление после окончания этого учебного заведения. Учились здесь частично местные курдские дети, беженцы из Сирии и других соседних стран, разрушенных войной, и дети европейцев, вступивших в брак внутри данной страны. На главных дорогах, ведущих к высоким стенам школы, стояла полиция с автоматическим оружием. Каждое утро перед въездом в ворота учреждения днище школьных автобусов проверяли на наличие взрывчаток.

Во время моего непродолжительного пребывания в Эрбиле местные выборы спровоцировали активистов подорвать в знак протеста машину скорой помощи. Это та невидимая часть культуры, которую так сложно понять, пока ты сам в нее не окунешься. Это проявляется не в одежде, которую носят местные жители, не в архитектурном стиле и даже не в том, что они едят. Люди в Ираке живут в мире, где допускается и даже ожидается уничтожение автомобиля скорой помощи с целью выразить свое разочарование. Избиение и убийство собственной дочери считается способом быть ответственным отцом. Невозможно сказать, какие еще проявления повседневной жестокости я пропустил, наблюдая за их миром через свое маленькое окошко.

Только через ежедневное незначительное взаимодействие с местными жителями вы начнете понимать незримые ограничения их культурных устоев. Вы начнете осознавать, что ваши критерии, откуда бы вы ни были родом, такие же субъективные, как и их. Вам необходимо будет смотреть сквозь них, если вы собираетесь по-настоящему проникнуться их чувствами или действительно хотите вырасти как личность. Никогда в самых глубоких тайниках моего прежнего калифорнийского сознания я не приходил к таким выводам, независимо от ситуации. Но каким-то образом, под воздействием именно таких условий, эти люди создали совершенно другую схему жизни. Невзирая на очевидную неустойчивость таких ценностей, основное население продолжает учиться и действовать такими чрезвычайно нечеловеческими методами.

Вдоль средиземноморского побережья, между Францией и Италией, расположилось крошечное государство площадью менее 2,6 квадратных километра. При таких миниатюрных размерах там живет 36000 человек. Приблизительно 30% из них являются миллионерами — это самая большая концентрация в мире. Здесь также самый высокий в мире доход на душу населения. Вся страна — практически один курорт с шикарными отелями, казино, ресторанами и модными бутиками, находящимися почти на каждой улице. Это Монако.

Противоположность тех или иных мест в мире, богатство и бедность, развитость и ее недостаток, что-то приятное и раздражающее создают для путешественника контекст восприятия реальности. Во многих частях света вы увидите обычных людей, спящих в сараях на обочине грязной дороги, если не в самой грязи. Такие проявления для непосвященных могут стать испытанием, но сознание в итоге привыкает принимать такой образ жизни как минимально необходимый для существования. Те, кто живет так, всегда считали это нормальным.

Быстрое перемещение из экстремального убожества в место наподобие Монако, где роскошные номера люкс стоимостью 1000 евро в сутки считаются нормой, — это внутренний диссонанс. Разуму нужно время, чтобы приспособить эмоциональные реакции к новым условиям. Обнищалые жители многих африканских стран научились принимать голод и антисанитарию как часть своей культуры. Так же и миллионеры, изысканно одетые, передвигающиеся на яхтах и вертолетах, а не босиком по раскаленному африканскому асфальту, научились принимать свои условия жизни.

Легко осуждать обе эти противоположности, но критик внутри вас молчит. Гораздо важнее для путешественника понимать все критерии возможного. Знание того, что оба противоположных общества существуют одновременно, иногда даже рядом друг с другом, через границу, провоцирует развитие настоящей эмпатии. Вы можете оставаться отстраненным, подвергаясь влиянию одного из двух миров. Или же можете решиться сознательно исследовать обстоятельства, которые привели каждое из противоположных обществ к его нынешнему образу жизни. Если вы действительно захотите понять, почему каждое из обществ обрело свой индивидуальный образ мышления и что эти люди должны делать для удовлетворения своих потребностей, вы осознаете, что могли бы принимать такие же решения, как они. Они делали это исходя из обстоятельств. В любой культуре лишь немногие члены общества тратят время на то, чтобы переступить через себя и оценить свои поведенческие привычки. Именно это впитывает путешественник с годами личностного развития.

Готовность сомневаться в заданных изначально условиях жизни — вот что важно. Не важно, из богатого вы общества или из бедного и какими способами вырабатывали свою манеру поведения, всегда можно изменить действующие инструкции. Путешествия — самый быстрый способ найти ответы на те вопросы, над которыми многие люди могут никогда и не задумываться. Путешествия учат вас не только задавать неудобные вопросы, но и давать осмысленные ответы. Даже в юридической сфере то, что считается законным на родине, в другом месте будет необоснованно признано нелепым и негуманным. В Сингапуре хранение жевательной резинки наказывается административным штрафом в 1000 долларов. Такая политика не направлена на любителей жвачек как таковых — она связана с привычкой людей приклеивать потом эти жвачки по всему городу, что смотрится уродливо. Сингапур гордится своей чистотой и презентабельностью, что доходит иногда до крайней степени безумства.

В то время как американцы радуются тому, что однополые браки наконец становятся все более распространенными как в юридическом, так и в культурном отношении, гомосексуализм продолжает считаться противозаконным не менее чем в 74 странах по всему миру (включая такой современный Сингапур). В 13 государствах он наказуем смертной казнью или публичным избиением камнями. Даже в тех странах, где это не считается противозаконным, это запрещено с точки зрения культурных устоев. Это предубеждение резко контрастирует с такой страной, как Таиланд, где одобряется то, что молодые парни носят одежду противоположного пола и причисляют себя по половой принадлежности к тайским девушкам. Они не считают себя ни мужчинами-гомосексуалами, ни биологическими женщинами. С их точки зрения, они воплощают в себе третью совершенно особую категорию пользующихся дурной славой, гиперсексуализированных трансвеститов.

Огромный парадокс путешествий — их способность создавать впечатление древности и новизны одновременно. Для того, кто путешествует только раз или два в году с целью отдыха, "45 стран" звучит впечатляюще. По-моему, я прожил лишь 28 лет. Первые 18 из них были практически полностью проведены в Южной Калифорнии с редкими попытками выезда в другие близлежащие штаты. За 10 лет, прошедших с того времени, я увидел приблизительно 1/5 всех стран и территорий в мире, и только немногие из них можно назвать такими, в которых я действительно пожил. Если посмотреть на это глазами настоящего гражданина мира, реального "человека мира", рассматривающего всю планету как свой дом, я едва начал узнавать о ее возможностях. Путешествия — та исключительная деятельность, в которой тот самый человек может быть как проверенным собственным опытом экспертом, так и полностью неосведомленным новичком одновременно. В мире столько всего можно увидеть! Невозможно все это охватить за одну человеческую жизнь.

Я выбрал свой путь, потому что именно это, на мой взгляд, помогло мне раздвинуть свои границы на определенных этапах моего развития. После того как я освоился в Латинской Америке, я с головой окунулся в Азию, чтобы познать новый уровень культурной новизны. После Азии были Западная Европа и Ближний Восток. За исключением Марокко и Ганы, Африка остается для меня практически неисследованной, но я планирую это исправить, как только пойму, что уже утомлен местами, к которым я адаптировался. Что будет дальше, пока неизвестно. Я выясню это, когда придет время.

В самом начале, много лет назад, я бы и предположить не мог, что побываю во всех этих местах или переживу то, что со мной происходило. Я и не догадывался, что полюблю некоторые местности, которые раньше не мог бы даже показать на карте. Тогда невозможно было представить себе, насколько в действительности большая наша планета. Это то, чему вы учитесь, когда путешествуете с целью вырасти как личность. Вы говорите "да" чему-то, потому что это вызывает у вас интерес, а не потому, что оно в обязательном порядке приносит удовольствие. Оглядываясь назад, могу сказать, что негативный опыт обладает гораздо большей ценностью, чем позитивный

Если вы не путешествуете, ваше понимание других стран основывается на субъективных мнениях и сообщениях средств массмедиа, на рассказах тех, кто там был, или сухой статистике, которая никогда не доносит пропитанного опытом духа взаимодействия с тем или иным местом. Когда я сравниваю свое нынешнее целостное впечатление о мире с тем, какое было у меня в статусе лишь жителя Калифорнии, я поражаюсь, как стольких людей, живущих в развитых странах, может так мало интересовать этот мир. Удивительно, как люди проводят всю свою жизнь, не задаваясь вопросом, что же находится там, на расстоянии короткого перелета от их дома. Подобную жизнь я никогда не мог для себя представить — игнорировать мучительное желание узнать, что же еще есть интересного на нашей планете за пределами родных стен.

Настоящими преградами в жизни являются рамки нашего собственного образа мышления. Когда кто-то уверен, что знает ответ на некий вопрос, он перестает воспринимать новую информацию об этом. Целью постоянно развивающегося человека является прекращение консервации своих знаний. Эффект Даннинга — Крюгера объясняет, как люди с низким уровнем знаний зачастую имеют высочайшую степень уверенности в себе. Только пересекая конкретную грань, они осознают, насколько мало фактически знают. Другими словами, люди зачастую слишком глупы, чтобы понять, насколько они глупы. Или, если вы предпочитаете Дао Дэ Цзин, "кто думает, что постиг все, тот ничего не знает".

Незнакомые вещи пугают людей. Растерянность в незнакомом месте мы воспринимаем как нападение на наше мировоззрение. Взгляды, не совпадающие с нашими, ранят нас. Мы не можем с легкостью предоставить место в своем сознании чему-то непонятному. Я не смог бы жить так, как сегодня, если бы не позволил себе уйти от того, кем я был раньше. Потеря всего, за что я держался тогда — или чем я характеризовал себя, — какое-то время была очень болезненной. Но теперь это уже не приносит мне боли. В этом процессе, происходящем очень быстро, существует опасность того, что человек не сможет сразу справиться с резкой болью. Полученная в результате травма может навсегда остановить его и оградить от путешествия. Контролируемое возвращение в начальную точку — единственный способ для большинства людей вырваться из рутины, в которой они застряли. Вы должны найти свой собственный прямой путь с "окраины" своей личности в самую ее душу. Это точка, к которой вы придете, когда найдете механизм разгадки своей сущности.

Принять неведомое — значит открыть себя всему, чем, вероятно, ты сможешь стать. Это лишь вопрос времени, необходимого для того, чтобы ваш разум начал искать инструменты, которые вы сможете использовать для получения желаемого. Ваши эмоции будут приспосабливаться к новым требованиям окружения, унимая вашу досаду, если что-то пойдет не так, как вы ожидали. Все, что сейчас вам знакомо, когда-то было совершенно чужим. Вы приспособились жить в месте, которое было вашим первым домом. Вы сделаете то же самое, когда расширите границы своего дома, включив туда все варианты культурных устоев на Земле.

Часть 4

Испытания и вызовы

АДАПТАЦИЯ ПЕРЕД ЛИЦОМ ОПАСНОСТИ

Поскольку за рубежом вы подвергаете себя новым испытаниям, вы будете меняться незаметными и неисчислимыми способами. Вы станете более развитой личностью, чем были в начале своего пути. Это выражается в простых практических аспектах жизни, таких как выбор места для приема пищи или сна, способа заработать деньги или же сохранение отношений, когда местожительство перестает быть определяющим фактором. Но на этом все не заканчивается.

Что особенно важно, это выражается в том, как вы воспринимаете информацию как таковую.

Ваше представление о мире изменится, как и способ взаимодействия с ним. Ваша роль в нем преобразуется в нечто новое, и будут моменты, когда вам захочется передохнуть в одном из ваших новых воплощений. Для путешественника-новичка чтение путеводителей и ориентация на "европеизированные" уголки мира — лучший способ оставаться в безопасности в пределах привычной зоны комфорта. Но для отважного исследователя погружение в неизведанное каждую минуту — это то, что подпитывает энтузиазм и стимулирует постоянный рост его или ее личности.

При регулярных путешествиях необходимо уметь справляться с неожиданными ситуациями, когда они возникают, поскольку вы не можете заранее подготовиться к каждому непредвиденному обстоятельству. Вы также потеряете возможность спонтанно исследовать новые места, если чувствуете, что должны предварительно глубоко изучить информацию о них. Проводить посильную подготовку заранее зачастую неплохая идея, но придет время, когда вы научитесь доверять своей врожденной способности разбираться в ситуации и действовать соответственно.

Когда вы были ребенком, то моментально усваивали, какие ваши действия вызовут боль, а какие удовлетворят ваши желания. Для обеспечения вашей безопасности вокруг вас были родители и прочие бесчисленные структуры, пусть даже тогда вы об этом и не догадывались. Возле вас были сплошные охранники. Сейчас вы впервые должны действовать в условиях отсутствия системы безопасности или гарантии успеха. Нет охранников, чтобы защитить вас от неизвестности или того, чего вы даже не осознаете. Вы должны открывать для себя эти вещи с каждым шагом, который вы делаете по все менее и менее известным территориям. С каждым новым открытием вы будете набираться сил для того, чтобы сделать следующее. Вам лишь нужно изучить правила каждой культурной среды, в которую вы попадаете.

Успешное существование в мире природы предполагает необходимость понимания людьми экосистемы, образованной вокруг них. Путем наблюдения они должны изучать, как другие успешно развивающиеся живые существа адаптировались к природным ресурсам и ограничениям в своей среде обитания. Выжившие существа быстро учатся, какие действия помогут или навредят в данной ситуации. Поместите людей в любую систему, и переменные факторы комфорта станут гораздо более сложными. Социальная сфера основывается на личности каждого отдельного участника общества и их взаимодействии друг с другом. Их коллективные ценности проявляются во всем — от внешнего вида архитектурных сооружений до применяемых ими законов. Так зарождается понятие "нормально". Каждое общество является системой, и любой человек может изучить, как она функционирует, управлять ее параметрами и находить в ней свое место. Каждая из этих систем навсегда закрепляет систему ценностей в своих детях, которые находятся в основе общинной индивидуальности как нечто сакральное и неоспоримое.

Забывать старые идеи в действительности сложнее, чем принимать новые. В переходном периоде между старой и новой системами знаний есть пугающее пустое пространство неведения. В нем даже факты, считающиеся неоспоримыми на подсознательном уровне, — знания, которые легче всего принимаются без доказательств — проваливаются в невыносимую пустоту.

Любители приключений всегда стремились исследовать потенциальные возможности жизни своими собственными методами, но ограничения знаний и технологий делали путешествия серьезной задачей. Кораблям было сложно, опасно и дорого пересекать океаны, как и крытым фургонам пересекать континенты. Они должны были точно знать, куда ехать и что может ожидать по прибытии. Впервые в истории мировое гражданство становится реальной возможностью практически для любого желающего обойти бюрократическую волокиту. Это значительно сложнее для жителей одних стран, чем других, но, тем не менее, возможно, если быть достаточно решительным. Впрочем, несмотря на современные удобства, большинство людей никогда не отъедут на значительное расстояние от места, в котором были рождены.

В современном мире никого не останавливают ни расстояние, ни сложность. Сейчас преграды внутренние. Врожденное сопротивление переменам, нечто, присутствующее в нас с самых первых дней исследования, является препятствием к прохождению теми дорогами, которые сейчас можно легко найти. Физическое пространство больше не является преградой. Все дело только в особенностях характера человека. Нам нужно почувствовать, что данный способ жизни нормальный и общепринятый, до того, как мы станем даже рассматривать его возможность для себя. К счастью для тех, кто хочет путешествовать более комфортно, это именно то, что приходит с представлением о кочевом образе жизни.

Интернет позволяет каждому из нас взаимодействовать друг с другом в режиме реального времени, находясь в разных уголках мира. Онлайн-сообщество путешественников развивается очень быстро. Мы можем связаться с людьми, которые разделяют наши идеалы, независимо от того, откуда они и куда направляются дальше. Целые мировые регионы приобретают особое дополнительное значение в рамках новообразованного представления о сообществе вечных путешественников. Юго-

Восточная Азия, к примеру, скандально известна тем, что притягивает любителей теплой погоды, дешевого пива и милых маленьких азиаток, которые очень ценят привлекательность (и деньги) иностранцев. Блоги онлайн-путешественников, тех, кто работает на ноутбуке, слоняясь от одного тропического побережья к другому, созданы, чтобы восхвалять независимый образ жизни, излюбленный их авторами. Они пестрят идеальными снимками ноутбуков на пляжах, что является ужасной идеей, как вы понимаете, если когда-нибудь действительно брали с собой на пляж дорогую электронику.

Несмотря на то что голоса этих блогеров звучат громче всех, жизнь по всему миру не должна быть именно такой. Она вовсе не должна иметь какой-то определенный стиль. Это всего лишь другая поверхностная картинка для тех, кто недоволен своей прежней жизнью настолько, что добровольно сменил ее на любую историю, способную решить проблемы, вызывающие недовольство. Беспорядок в карьере? Брак разваливается? Надоело жить в подвале родительского дома? Зато есть жизненная история. Нет предела в выборе вариантов. Вы можете менять место жительства каждые несколько дней. Вы можете жить в маленьких домиках по нескольку месяцев. Вы на годы можете стать временным жителем в какой-то стране.

Существуют очевидные трудности, которые приносят путешествия, такие как языковой барьер или общая безопасность в незнакомых местах. Если вам посчастливилось быть носителем английского языка, вы будете рады узнать, что ваш язык просочился практически в каждый уголок развитого мира (и во внушительную часть малоразвитых стран). Даже если основная часть населения не говорит на английском постоянно, есть большая вероятность, что они хотя бы слышали его и смогут понять простые слова и фразы. Или же они смогут обратиться к кому-нибудь, кто изучал английский в университете или использует его в профессиональной деятельности.

Благодаря экономической глобализации все больше наций стимулирует своих студентов или обязывает их изучать как минимум базовый английский в школе. Взрослые решаются самостоятельно изучать язык, поскольку осознают, какие новые карьерные возможности это может им принести. Американское телевидение, музыка и фильмы популярны по всему миру, а их перевод на местный язык не всегда доступен. Как бывалый учитель английского для иностранцев, могу сказать вам, что люди больше учатся практическому английскому, просматривая один за другим эпизоды американского сериала "Друзья", чем читая учебники.

Вы также поймете, что не так уж сложно быстро овладеть основами родственных с английским языков. Большая часть непроизвольных знаний, которыми вы владеете в области звуков, словарного запаса и грамматики своего родного языка, применима к романским языкам, таким как испанский, итальянский и французский. Чем дольше вы изучаете любой из них, тем легче будет справиться и с остальными. На сегодняшний день единственным языком кроме английского, на котором я могу говорить достаточно бегло, является испанский. Но я часто удивляюсь тому, как легко могу понимать общение бразильцев, говорящих на родном для них португальском языке. С другой стороны, языки, которые не имеют общих корней, могут поставить под сомнение некоторые из ваших фундаментальных представлений о принципах коммуникации, таких как порядок слов или разные звуки, издаваемые ртом.

Общепринятым является тот факт, что жители стран поменьше, имеющих собственные государственные языки, понимают язык ближайшего государства, которое доминирует в той части света. Несмотря на то что страны бывшего Советского Союза, такие как Украина, Беларусь, Грузия, Армения, Казахстан и Киргизия, имеют свои собственные языки, большинство их жителей также разговаривает на русском. Этот факт стал для меня серьезным стимулом начать изучать русский, учитывая то, что я путешествовал по этому региону, хотя изначально не имел в этом никакой внутренней заинтересованности. Знание испанского позволит вам поехать практически в любую часть Центральной или Южной Америки, равно как и в Испанию вместе с окружающими ее европейскими странами. Арабский язык распространен на Ближнем и Среднем Востоке, а также в северной части Африки. На французском разговаривают на территории бывших колоний в Африке и Канаде. Северокитайский (мандаринский) язык — самый распространенный язык в мире, который насчитывает более миллиарда носителей. Но основная их масса находится в Китае.

Многоязычные люди лучше развиваются, оставляя позади тот субъективный способ вербально воспринимать действительность, которому их научили. Это заставляет их столкнуться с тем, что данный способ мышления не является единственно возможным. Это всего лишь интерпретация, и всегда будут другие способы передачи смысла слов. Изучение родного языка страны, куда вы направляетесь, сделает вас менее уязвимым для мошенников. Люди не смогут с легкостью вас обмануть. Вас не смогут припугнуть местные жители. Вы сможете более уверенно передвигаться по местности и посещать отдаленные районы. Вы узнаете разговорные обороты и установленные нормы их культуры, а также научитесь глубже понимать местные устои. Даже если вы не сможете найти способ общаться на словах, язык жестов и интонация очень помогут вам, если вы научитесь хорошо ими владеть.

Путешествия открывают дверь к переменам в самых важных отраслях жизни. Ваше представление о взаимоотношениях с другими людьми расширится, будь то дружеские, профессиональные, родственные, романтические или другие отношения. Все типы взаимоотношений основываются на общем понимании индивидуальности личности, и люди, не склонные к путешествиям, вряд ли поймут ваши способ жизни и приоритеты. Это может привести к разногласиям между вами (как было со мной и моими бывшими друзьями) или, наоборот, укрепить ваши отношения. Длительное время, проведенное порознь, заставляет рассматривать небезразличных вам людей в трехмерном пространстве еще более осмысленно. Расстояние — прекрасная проверка прочности связи. Отношения, основанные на общении по веб-камере, никому не доставляют удовольствия, но, если вы все равно рады каждый день видеть лицо своего партнера через видеосвязь плохого качества, это, возможно, является очень хорошим индикатором того, что вам действительно нравится этот человек.

Моей основной задачей было найти редкий "драгоценный камень" в той или иной местности — ту женщину, с которой я смог бы построить серьезные отношения. Практически каждый человек остается в первую очередь продуктом своей культуры, поэтому элемент извне наподобие меня может вызвать недоумение или произвести впечатление прямой угрозы. С другой стороны, некоторые женщины считают захватывающей перспективу завязать отношения с путешественником из другой части света. Белокожие мужчины являются предметом восхищения в некоторых из тех частей мира, где местных женщин, как ни странно, боготворят белокожие мужчины. Я не считаю себя особо привлекательным, но на Филиппинах я понял, что вряд ли смогу прогуляться по улице, избежав внимания молодых девушек, хихикающих и кокетливо отворачивающихся от меня. Они могли сравнивать меня с американскими кинозвездами, с которыми никто не стал бы сравнивать меня дома.

Из-за того что я так много путешествую, женщины начинают отношения со мной, не имея чувства долга или долгосрочных целей. Мне понадобилось слишком много неудачных попыток для осознания того, что, пока я пытался не обращать внимания на культуру и расу, чтобы построить полноценную связь, большинство из них рассматривали меня только как новое мимолетное явление, придающее остроты их однообразной жизни. Наши отношения могли длиться несколько месяцев, и внезапно женщина полностью забывала обо мне, пренебрегая всем, что мы создали к тому времени. Или же они изображали заинтересованность ради временных встреч и веселого флирта, но не достигали цели и уходили в тот момент, когда нужны были реальные действия. Некоторые начинали подбираться ко мне очень близко только для того, чтобы сказать, что мы не можем больше продолжать отношения, поскольку им нужно хранить невинность, если у них когда-то будет шанс найти мужа в родных краях.

Моей самой неловкой неудачей оказалась связь с гречанкой немного старше меня, которую я встретил в онлайн-группе, посвященной странствующим людям, желающим найти любовь. Мы дошли до той стадии, когда часами говорили по Skype каждую ночь перед сном, рассказывая друг другу все более интимные подробности о себе и своих прошлых отношениях. Она была психотерапевтом. Она хотела детей так же, как и я. Когда же я снял на месяц квартиру в Афинах и прилетел, чтобы встретиться с ней, ее отношение ко мне тут же кардинально изменилось. Я должен был буквально настаивать на личной встрече, несмотря на то что специально прилетел, чтобы провести с ней время, как мы и договаривались. Я видел ее лично в общей сложности несколько часов до того, как она внезапно стала очень занятой, чтобы снова встретиться со мной или даже просто поддерживать общение.

Я так и не получил объяснений, почему поведение этой девушки так радикально изменилось в тот момент, когда мы оказались на одной территории. Могу вам сказать только свое видение: она думала обо мне как о новой забаве где-то вдали. В тот момент, когда наши многообещающие отношения стали вполне реальными и ей пришлось столкнуться с последствиями моего присутствия, она отдалилась. Эти повторяющиеся случаи заставили меня задуматься, смогу ли я вообще построить нормальные отношения с женщиной любой культуры. Я продолжал искать, но казалось безнадежным найти кого-то, кто разделяет ценности, которые я обрел, постоянно преодолевая границы.

Проблема в том, что все без исключения люди на Земле рассматривают понятие романтических отношений через призму представлений, заложенных в них культурой, в которой они выросли. Их взгляды могут полностью отличаться от ваших. Они могут пытаться построить с вами незнакомый вид организационной структуры. Если коммуникация между вами двумя чрезвычайно хорошая, эти различия в целях могут оставаться незаметными, пока не наступит переломный момент и вы не будете вынуждены вернуться на собственные независимые тропы жизни. В этом случае, как и во многих других, межкультурный образ жизни заставляет нас взрослеть вне субъективных пределов самопознания, с которыми примирились другие люди.

То же самое, в большей или меньшей степени, можно сказать о дружбе и деловых отношениях. Во время поездок по всему миру я заводил, пожалуй, тысячи знакомств. Тем не менее лишь немногие из них показали долгосрочные перспективы или более глубинную совместимость, необходимую для товарищеских отношений. Я работал на десятки компаний по всему миру и никогда не переставал удивляться многообразию профессиональных норм, которые я видел. В течение нескольких лет, пока я был учителем английского языка для иностранцев, не было двух школ, которые имели бы одинаковые ожидания в отношении того, как я должен преподавать или какова моя роль в их иерархии. Несмотря на это, в каждой из них действовали так, будто это стандартный способ поведения для всех, а я обязан был автоматически все это знать.

Ничего не изменилось и тогда, когда я начал работать как фрилансер. Однажды компания в Индии наняла меня удаленно для управления частью стратегий своей деятельности и средствами обмена сообщениями. Они были настолько впечатлены моей работой, что пригласили меня в Дели, чтобы мы смогли улучшить наши деловые отношения. Они помогли мне получить индийскую рабочую визу на 5 лет, забронировали авиабилет и дорогой гостиничный номер, который ждал меня по прибытии. В Дели я провел неделю, наблюдая за тем, как они старались сделать что-либо значимое, прежде чем осознали, что не могут воспользоваться моими услугами в полном объеме. На следующий день они купили мне обратный билет, потратив более 2000 долларов на транспортные расходы и не прибегнув к моим профессиональным услугам вовсе. После этого я перестал получать от них известия. Но, с другой стороны, этот случай подарил мне бесплатную поездку в Индию (сделавшую ее для меня страной № 16).

Во время своих путешествий я сравнительно поздно принял решение полностью перестать работать на других людей. Я устал выполнять не приносящую удовлетворения работу по чьему-то чужому распорядку. Я должен был поверить в свою способность каждый день убеждать незнакомых людей давать мне деньги, чтобы я мог прокормить себя. Собственный бизнес начался с небольших работ по копирайтингу, которые не давали мне ни эмоционального, ни должного финансового вознаграждения. К концу первой недели я понял: существовала заметная закономерность в том, что люди хотят купить и с каким человеком предпочитают работать. Я научился правильно разговаривать с ними, чтобы убедить их, что я — совершенно незнакомый человек на другом конце света — именно тот, кому они должны доверить свои деньги. Я менял свое отношение к делу в течение долгого времени, чтобы стать таким, как нужно миру, что он сам мне и показал. Я создавал разные предложения по более высоким ценам. Я адаптировался к среде, в которую поместил себя, поскольку приспособление было единственным, на что я с уверенностью мог рассчитывать.

С тех пор я построил свой в меру успешный онлайн-бизнес, который могу вести из любого уголка мира при условии, что время от времени смогу выходить в онлайн. За это время я помог многим другим сделать то же самое. Люди, работающие в Интернете, часто предпочитают долгое время оставаться в одной локации, а не быстро перемещаться с места на место. Они хотят следовать общепринятой практике, оптимизируя свою деятельность и продолжая при этом наслаждаться туристическими аспектами путешествий. Если вы умный человек, вам будет несложно удерживать рамки своих расходов на проживание в пределах 500 — 1500 долларов в месяц практически в любом уголке мира. Я предпочитаю питаться дома. Я арендую жилье понедельно или помесячно, а не посуточно. Я договариваюсь с владельцами отелей или мини-гостиниц о бесплатном проживании и питании взамен на помощь в продвижении в Сети их бизнеса или поиск других способов привлечь к ним больше клиентов.

Проверить почту и отправить электронные письма можно даже при самом посредственном качестве соединения. Некоторым людям для поддержания налаженной схемы работы нужно в сжатые сроки совершать аудио- и видеозвонки. Или, возможно, им необходимо регулярно выгружать и загружать большие файлы. Медленная скорость интернет-соединения и невозможность спрогнозировать требуемое время не подходят для этого. Люди вынуждены более тщательно планировать работу и располагать запасным вариантом, если основное соединение вдруг пропадет. В слаборазвитых частях мира такие инженерные коммуникации, как электричество и вода, могут отключать ежедневно или в произвольном порядке, поэтому люди даже не могут точно спланировать перебои в своей работе. Характер моей сферы деятельности позволяет мне роскошь писать книги и создавать обучающий контент с помощью 12-дюймового ультрабука, который я ношу с собой практически повсюду — от автобусов, пересекающих всю страну, до столичных кафе. Если захочу, я могу с утра первым делом приняться за работу, не вставая с кровати. Это может показаться ужасным, но это тот вид свободы, который я считаю идеальным для максимальной продуктивности.

Большая часть моей первой книги была написана в самолетах и на заднем сиденье такси в те моменты, когда у меня была свободная минута написать еще несколько строк. Чтобы выполнить основную часть своей работы, мне нужен лишь базовый текстовый процессор, но требования каждого из нас могут отличаться в зависимости от вида выполняемой задачи. Я даже беру с собой в путешествия студийный микрофон на тот случай, если мне нужно будет начитать текст, как, к примеру, озвучивание этой книги. Успешная работа с прямыми видеозвонками играет важную роль для тренерской и консультационной деятельности, которой я занимаюсь, поэтому я должен планировать их, когда уверен, что у меня будет надежное интернет-соединение. Это также должно совпадать с графиком собеседника, что может быть сложно, когда вас разделяет несколько часовых поясов.

Координация проектов между командами из разных регионов делает работу еще более проблематичной. Вследствие этого я придерживаюсь политики приема на работу только тех людей, кто умеет управлять своим временем и организовывать рабочий процесс самостоятельно. Благонадежность сотрудника гораздо важнее, чем его умения, когда я выбираю, с кем работать. Я могу устанавливать мини-дома на то время, пока нахожусь на одном месте. Сейчас я взаимодействую с людьми по всему миру, и у меня бывают проекты параллельно на нескольких континентах. С помощью Skype, телефона и электронной почты нам удается делать все. Меня удивляет, почему люди все еще предпочитают личные встречи, если это не фундаментальная часть того, чем они занимаются.

Не всегда легко чувствовать себя на новом месте как дома, но очень важно быстро достигать подсознательного состояния комфорта. В некоторых ситуациях ты просто не можешь позволить себе выглядеть неудачником, не понимающим, что он делает. Бескультурные люди спешат опозорить человека, который не вписывается в их среду, и использовать его ради собственного обогащения. Некоторые детали в вашем внешнем виде нельзя изменить, но вы можете научиться вести себя так, будто точно знаете, что делаете.

Как бы там ни было, в некоторых местах вас будут воспринимать как аномалию. Вам моментально может быть дан статус знаменитости. Люди будут с нетерпением ждать знакомства с вами или помогать вам приспособиться к жизни в их стране, потому что ваше присутствие очень им интересно. Вы вполне можете быть первым человеком данной расовой принадлежности, которого местные когда-либо видели лично. Достаточно легко вбить это себе в голову и создать постоянное разделение между собой и окружением. Вы можете бессознательно принять мысль, что вы вообще-то лучше, чем они, и все время ожидать особого отношения.

Иногда вас вообще не рассматривают как личность — только как возможность заработать легкие деньги. Вы станете мишенью для мошенников и попрошаек, как только покажете, что вы там не в своей тарелке. Или будете засыпаны всевозможными навязчивыми просьбами от владельцев магазинов и непрофессиональных торговцев. Они знают, что у вас нет представления о том, сколько там реально стоят те или иные вещи, поэтому попытаются склонить вас заплатить дороже за обычные товары. Честно говоря, одними из самых нелюбимых мною людей в мире являются водители такси, которые собираются на автобусных станциях и в терминалах аэропортов, чтобы напористо цепляться к растерянным путешественникам. Такое нечеловеческое поведение вызывает достаточно неприятное впечатление и, на мой взгляд, демонстрирует одни из самых плохих черт человеческого рода. Это полная противоположность гостеприимству. Это усиливает чувство, что ты нежеланный гость.

Если честно, бизнесмен во мне восхищается их предпринимательским духом. В таком неприветливом подходе есть та решительность, которой предприниматели могут поучиться дома. Но на этом мой восторг заканчивается. Практически любой прием укрепляет их уверенность в том, что мы сможете поддаться. Самое умное, что можно сделать, это не лезть на рожон и избегать прямого подтверждения их присутствия. Они последуют за вами, задавая разные вопросы, пока что-нибудь не вызовет положительной реакции. Подобная социальная "травля" неимоверно раздражает того, кто только что попал в чужую страну с малознакомым языком, культурой или территорией. Многие туристы вынуждены принимать от этих дармоедов то, что кажется добровольной помощью, которая впоследствии сопровождается граничащим с угрозой требованием денег.

Не каждый, кто предлагает помощь, является коварным обманщиком. В каждом уголке мира люди по своему характеру могут быть по-настоящему добрыми и бескорыстными, и приятно давать немного мелочи тому, кто сэкономил мне несколько минут, указав правильное направление. Но из-за существования хитрецов сложно с первого взгляда отличить дружелюбие от корыстного личного интереса. Кроме того, из-за таких людей невероятно сложно по-настоящему чувствовать себя в том или ином месте как дома, и моими любимыми частями света являются те, в которых я никогда не сталкивался с подобной проблемой. Некоторые продвинутые общества, в которых я оказывался, создают впечатление таких, что искренне приветствуют преимущества, приходящие в их структуру с деньгами и влиянием извне. Особая осторожность в общении с местными отбила у меня охоту налаживать эти доброжелательные отношения или даже неторопливо обходить местные рынки и торговые лавки. Это вредит возможностям каждого человека судить обо всем обществе по нескольким встретившимся подлецам.

Спустя некоторое время вы становитесь менее склонным к этой и другим формам обмана, поскольку меняется то, как вы предстаете в обществе. Правильная коммуникация развивается по мере того, как мы приспосабливаемся к новому месту, и поэтому нежелательное поведение людей прекращается по отношению к тем иностранцам, которые действительно долго живут в их местности. Даже если обманщики не знают этого заведомо, им подскажет "шестое чувство", что они не смогут сделать этих людей подходящими мишенями для своего мошенничества. Преступники всегда ищут самую податливую жертву.

То, что я вынес из испытаний, которым подвергал себя, — это уверенность в своей способности приспосабливаться практически к любому социальному контексту. Я обладаю этим качеством, поскольку видел достаточно из того, на что способны люди. Я видел и плохое, и хорошее. Я не отворачивался ни от того, ни от другого. Так же, как и в те ранние годы одинокого блуждания по джунглям Коста-Рики, я и сейчас верю в свои способности наблюдать и учиться в любой культурной среде. Я быстро учился на своих незначительных ошибках, поэтому они никогда не перерастали в серьезные проблемы. Такой же способ мышления проявляется всякий раз, когда я попадаю в незнакомую, потенциально нестабильную страну.

Достаточно легко позволить моментам личностного роста вскружить вам голову. Вы начинаете чувствовать себя лучшим, чем обычные люди, даже своего рода непобедимым. Эта возросшая гордость не обязательно является неправильной, но она опасна. Это значит, что вы обращаете внимание всего лишь на часть внутреннего спектра возможного опыта. С другой стороны, хорошие стороны ваших достижений являются плохими сторонами ваших поражений. Если вы пока еще не знаете этого плохого, вы — либо неимоверный счастливчик, либо вели себя до настоящего времени очень осторожно. Ваше сокрушительное поражение остается где-то извне, ожидая вашего с ним столкновения. Но в той самой темной ночи вы достигнете нового уровня личной побед

Часть 5

Приближение к непреодолимому

ИССЛЕДУЯ ТЕМНЫЕ УГОЛКИ ДУШИ

Самое ужасное переживание из всех — это незнание того, кем вы являетесь, куда стремитесь или чем должны заниматься. Путешествовать без ограничений — значит сознательно принять эти переживания. Это значит принять тот факт, что вы не всегда знаете, как поступить, потому что даже не понимаете пределов возможного. И пока вы не изучите эти пределы достаточно хорошо, вы не сможете поверить в правильность своего жизненного выбора.

Многим людям некомфортно путешествовать в одиночестве, но это лучший способ увидеть вещи в новом свете, не ограниченном и не испорченном субъективными оценками людей, окружающих вас. Вы увидите мир без каких-либо фильтров, что сделает его влияние более полезным. Но оно может оказаться и пагубным. Всегда будут вещи, которые ваше сознание не готово воспринимать как реальные. Это то, что находится за пределами вашего понимания — настолько страшное по вашим оценочным критериям, что совершенно чуждо вашей реальности.

Вам захочется убежать от этого, потому что позволить ему овладеть вами — значит ощутить смерть. Если вы не убежите, это сломает вас. Добровольно двигаясь в этом направлении, вы вступите в самый сложный период своей жизни — исследование темных уголков души. Это ваш персональный ад, то, чего вы избегали всю жизнь. Даже мысль об этом может заставить вас нервничать. Сейчас вы можете возражать, чтобы оградить свое сознание от вторжения. Однако рано или поздно люди должны смириться с фактом, что в них есть сторона, всегда покрытая мраком и тенью. Когда бы мы ни почувствовали, что с нами поступили несправедливо или ранили нас, мы вытесняем эти случаи из действующей системы восприятия. Таким же образом мы "закапываем" негативные черты своей личности, направляя их туда, где они останутся невидимыми для всех, кроме нас.

Всех нас обременяют воспоминания о совершенных в прошлом поступках, которые нынешние мы не одобряем. Вот откуда приходит чувство вины — из знания и осуждения самого себя. Эти элементы никуда не исчезают. Они скрываются глубоко внутри нашей души. Они выходят наружу тогда, когда рассудок перестает заботиться о поддержании равновесия. Привычный мир начинает рассыпаться. Иногда я, просыпаясь утром, погружаюсь в негативные мысли о прошлых событиях, бывших девушках и людях, которые, по моим ощущениям, разными способами поступали несправедливо по отношению ко мне в течение моей жизни. Когда-то я был зациклен на себе и справедливом отношении ко мне людей. Я старался быть честным, но только с теми, кого впускал в свою жизнь, хотя я крайне редко видел такое же отношение в ответ.

Во всех моих путешествиях мир продолжал оставаться непонятным для меня. Это была переломанная бесчисленными способами система. Для меня путешествия предполагали как изучение происходящего в мире, построенном человеком для себя самого, так и познание того, на что я способен как отдельная личность. Сейчас я осознаю, что эти два аспекта тонко связаны между собой и вместе создают неразрушимый дуэт. Мы формируем мир, а мир — нас.

Изначально никто не реагирует на страдания глубоким погружением в них. Никто не желает дальше заходить в огонь. Только любознательный исследователь увидит невероятное преимущество, которое приносит страдание, если верно с ним справиться. Огонь для всех горит по-разному, и каждый из нас должен взяться за исследование того, что скрывается в его собственных темных уголках. Мы должны смело направлять внутреннее пламя, пока оно не разгорится настолько, что его невозможно будет выносить. Люди, которые никогда не принимают собственные страдания, не будут предпринимать действий, направленных на устранение проблемы, даже если сделать это совсем несложно. Это окончательное лишение свободы. Это происходит только после того, как они прошли через ад и теперь вправе жить такими, какими стали, в мире, какой он есть.

Переломный момент случается у каждого человека в свое время и по-своему. Иногда это постепенное сгорание от неудовлетворяющей жизни, которое съедает человека на протяжении десятилетий. Испытывающий страдание сохраняет свое лицо настолько, насколько может. Изнутри он увядает, пока реальность стремительно превращается в жизненный кризис или экзистенциальную дилемму. Больше всего вы подвержены непредсказуемым изменениям, когда находитесь в глубоком отчаянии.

Многие "непрофессиональные" путешественники рассматривают путешествия как средство для разрешения кризиса. Они не ожидают, что это может затянуть их в кризис еще глубже. Они вооружаются идеей из "Ешь, молись, люби" и пускаются в заграничное странствие на поиски себя. (Внимание, спойлер: я дважды по нескольку месяцев жил в Убуде на острове Бали. Это достаточно приятное место, но вряд ли оно подходит для совершения духовного паломничества, описанного Элизабет Гилберт.) Отказавшись противостоять настоящему страданию и лежащей в его основе проблеме, они лишь сохраняют свои мучения в более заманчивой окружающей обстановке. Колесо продолжает вращаться, и образуется замкнутый круг. Начать новый образ жизни означает настолько углубиться в самопознание, чтобы захотеть получить что-то совершенно отличное от имевшегося ранее. Неудачи людей происходят оттого, что им не хватает терпения в поисках основных причин своих страданий. Они прекращают поиски, когда становится сложно, и остаются открытыми для легких ответов, проявляющихся в любой форме.

Не каждый, кто пускается в путешествие, ищет истину. Некоторые стремятся облегчить неудобство от исследования. Это большое заблуждение, от которого все искатели должны оберегать себя. Соблазн все бросить сильнее проявляется тогда, когда происходит наибольший прогресс. В такие моменты вы должны сделать сознательный выбор: продолжать или рискнуть и снова вернуться туда, откуда вы начинали. Этот процесс происходит только при полной отдаче. Будучи восприимчивым, вы растете, потому что это неизбежно. Вы открываете, насколько много сможете выжать из самого себя. Если вы не реагируете на внешние силы, делающие вас слабее, они рано или поздно ударят по вам. Ваш характер закаляется, и вы наращиваете более толстую кожу перед переживаниями, которые раньше могли бы сломать вас. Вы учитесь наслаждаться отсутствием стабильности, потому что именно в таких условиях наступает прогресс.

Стабильность означает, что ничего никогда не меняется. Это хорошо только в том случае, если вы уже обрели жизнь своей мечты. И в развитии взаимоотношений, и в личностном росте отсутствие стабильности — это то, что создает возможность для новых событий. Она может быть рациональной целью лишь для людей, знающих, кем они являются и что точно сделает их счастливыми. Люди боятся неизвестности, потому что не могут подготовиться к ситуациям, в которых все пойдет не так, как надо. В знакомой среде легко приспособить составляющие своей жизни под достижение целей, даже если вам придется импровизировать на ходу. Когда вещи, которые вы воспринимаете как должное, отдаляются, вы теряете веру в то, что все будет происходить так, как вам хотелось бы.

Вы также не можете реалистично представить, как именно будут развиваться события. Жизнь имеет свойство проходить в пределах прогнозируемой череды хороших и плохих событий, с которыми приходится свыкаться в текущий момент времени. Вам следует поверить, что ваш разум способен воспринимать необходимую информацию в процессе того, как получает новые знания. Он использует эту информацию, чтобы в случае необходимости создавать новые инструкции для жизни. Варианты развития событий типа "а что, если" могут быть формой психологического яда. Редко происходит отдельное реальное событие, способное полностью разрушить чью-то жизнь, пока он не отбросит все сомнения. Если случаются непредвиденные обстоятельства — возможно, ваша поездка затянулась, вы пропустили перелет или пропал ваш багаж, — вы сразу же подстраиваетесь под них, чтобы оставаться в зоне комфорта.

Путешествия с целью самопознания предполагают отказ от старых стандартов прогнозируемости. Вы не можете предвидеть все. Невозможно собрать свой чемодан настолько правильно, чтобы в нем было все необходимое для данного вида поездки, и ни один консьерж не предупредит все ваши неверные шаги. Вы должны взяться за это сами, чтобы стать человеком, который каждую минуту контролирует основные моменты собственной жизни. Состоявшиеся личности знают себя вплоть до мелочей, превосходящих пределы выносливости обычных людей. Границы глубокой осведомленности простираются на максимально возможное расстояние. Пока одни выздоравливают после травм, другие извлекают выгоду из преднамеренного взаимодействия с болью. Любопытство поведет их вперед с нерешительным рвением. Это настоящее начало пути самопознания.

Во время своих ранних путешествий я стал учителем из-за того, что мне было интересно узнать, как наш мир передает старые ценности новым поколениям. Работа в сфере образования дала мне глубокое понимание тех аспектов культуры, которые зачастую спрятаны от случайных туристов. Она также взрастила во мне глубокую неприязнь к тем, кто сохраняет свою культуру, портя при этом неокрепшие молодые умы. Видеть детей, в массовом порядке превращенных в сосуды для субъективных культурных ценностей, было бы для меня разрушительным явлением. Работа с людьми, находящимися на разных этапах развития, показала мне, что образование в привычном для большинства стран смысле на самом деле является формой культурного нарциссизма. Что бы ни было важно для действующей власти, это необходимо сделать таким же важным для подрастающих граждан. Из-за того что старшее поколение верит в какие-то вещи, молодые люди тоже должны верить в них. Наблюдая за передачей ценностей между поколениями, я увидел настоящего врага прогресса.

Гореть в аду значит видеть полное уничтожение чьих-то базовых ценностей внутри и снаружи этого человека. Благодаря тому, что моя новая среда обитания позволила мне исследовать себя, я стал осознавать, насколько сильно беспокоюсь о воспитании и защите потенциала. Я развил глубокую близость с детьми и животными, поскольку они остались нетронутыми разлагающим влиянием культуры. Но радость от такого общения омрачается осознанием: выбирая объект заботы, я могу в любой момент потерять его. Мой самый жизнеутверждающий опыт оказался причиной самого пагубного — опыта, толкнувшего меня в сторону психологического переломного момента, которого я не осознавал.

Я знал, что для меня было важно пережить глубокое эмоциональное потрясение, присущее моему восприятию реальности. Из этого я вынес, что все, имеющее над нами силу, делает так по важным причинам. Покорение в действительности может рассказать нам больше о самих себе, чем свобода. Путешествия более всего другого показали мне широту людских возможностей. Я узнал, что худшее в человечестве не наша способность совершать разовые акты насилия или подавления личности. Это то, как мы растим детей, обучая их жизни в качестве хранилища для нашей собственной устаревшей системы взглядов и традиций. Чувство собственного достоинства заключается в нашей способности думать за себя. Подсознательное принятие того, что культура должна передаваться из поколения в поколение, активно подавляет это чувство.

К тому времени как я купил билет для первой поездки в Азию, чтобы поработать учителем английского в Китае, я уже повидал в мире много противоположностей. Китай затмил их все. Там я понял, что это место, где людей ежедневно "пакуют" на улицах плечом к плечу и где правит однородность среды. Там так много можно было увидеть, но при этом оказалось так мало разнообразия! Это безысходность и абсурд — становиться частью действующей социальной машины, которая существует, чтобы стереть индивидуальность каждой отдельно взятой личности.

Через повседневное общение я узнал, что китайцы не воспринимают вопросов о том, почему в их обществе все обстоит именно так. У них нет причины представлять альтернативные принципы жизни. Уважения к культуре и традициям народов, живущих за пределами их империи, у них практически не было. Китайское правительство продемонстрировало невероятное мастерство в контроле информационного потока изнутри и снаружи страны. Результатом оказалось то, что простой человек мог думать только так, как ему позволяют политические правители.

Контроль информации, осуществляемый китайским правительством, самый впечатляющий во всем мире. В стране разрешен показ только 34 иностранных фильмов в году, и до недавнего времени их количество было еще меньше. Любое средство массовой информации, которое выставляет Китай в негативном свете, тотчас запрещается. Это привело к появлению определенных всем известных блокбастеров, которые специально потакают Китаю с целью попасть в ограниченный список одобренных для проката фильмов и получить доход с перспективного китайского рынка.

Интернет — величайший в истории человечества пособник в исследовании, общении и сотрудничестве — также подвергается там значительной цензуре. Тысячи сайтов, включая такие гиганты, как Facebook, Google и YouTube, пробуксовывают за "Великим китайским фаерволом". Убежденные диссиденты все еще могут дотягиваться до социальных сетей и неконтролируемых поисковых систем, если имеют желание подключаться через виртуальную частную сеть (VPN), которая маскирует IP-адрес под адрес другой страны, но это совершенно противозаконно.

Официальное объяснение тоталитарного контроля информации Китаем заключается в том, что это необходимо для защиты экономики страны от международной конкуренции либо из-за риска китайских потребителей случайно наткнуться на порнографию или другой вредоносный материал, к которому нет строго ограниченного доступа. Верить в эту историю были обучены все, кого я повстречал в Китае. Лишь немногие когда-либо ставили эту догму под сомнение. Как человеку, который так глубоко ценит обучение и исследование, мне было жутко жить среди бессознательно заключенных в тюрьму людей.

Несмотря на то что Китай — якобы нерелигиозная страна, ее правительство стало первичным объектом обожествления во всей культуре. Во время "культурной революции" председателя коммунистической партии Мао Цзэдуна в 1960-х и 1970-х миллиарды копий его печально известной "Маленькой красной книжицы" были отпечатаны и распространены для того, чтобы 99% всего китайского населения купили ее, прочитали и везде носили с собой. Хотя эпоха правления Мао закончилась, опыт моего пребывания там показал мне, что они и сейчас сохраняют аналогичный уровень глубокого уважения к своим властителям. Это было еще одним значительным ударом по моим идеалам свободы и самообладанию.

В 1990-х религиозное движение под названием Фалуньгун, основанное на цигуне и медитации, быстро распространилось среди китайцев. Правительство незамедлительно реализовало план искоренения Фалуньгуна, поскольку увидело в его успехе угрозу собственному авторитету. Появилась пропаганда, выставляющая практикующих его как душевнобольных людей и предателей нации. Так как китайское правительство не распространяет публично информацию о геноциде, можно только догадываться, сколько приверженцев практики были арестованы и казнены. Существуют также данные о том, что их органы были изъяты в качестве донорских для более важных граждан Китайской империи.

Кампания против Фалуньгуна достигла критической отметки в 2001 году, когда пять человек совершили самоубийство путем самосожжения у всех на глазах на площади Тяньаньмэнь. Правительство быстро придумало историю о том, что демонстранты были опасными людьми, доведенными до сумасшествия данной духовной практикой. Однако проведение независимого расследования не было разрешено, несмотря на то что Фалуньгун учит не применять никакого вида насилия. Разумеется, я не смогу подтвердить эти истории и то, что они означают в отношении правящего класса Китая, но то, что я лично наблюдал, находясь там, не дает мне возможности нарисовать положительную картину происходящего.

Когда я был в приморском городе Далянь — одном из самых богатых регионов страны, — сход поезда с рельсов из-за плохого технического обслуживания путей унес жизни десятков пассажиров. Мать семейства, для которого я преподавал, имела связи в местной власти, и от нее я узнал, что документы с записями о погибших и их багаже, находившемся в вагоне, были уничтожены до того, как могли быть озвучены местными средствами массовой информации. Насколько могли судить жители остальных регионов Китая, во время катастрофы никто не погиб. Все, что могло бы свидетельствовать о вине правительства, подобным же образом убиралось из поля зрения общественности до того, как становилось известным.

Во время работы в государственных школах и частного преподавания в доме этой богатой семьи мне был предоставлен содержательный и тревожный обзор реальной жизни в Китае. Китайская культура требует, чтобы все дети беспрекословно слушались своих родителей до совершеннолетия. Затем они, будучи взрослыми, проводят всю свою жизнь, заботясь о своих родителях до их смерти, и цикл продолжается уже с их собственными детьми. Ирония этого чрезмерно авторитарного родительского воспитания заключается в том, что дети проводят около 16 часов в день за пределами дома, в школе, находясь в большей степени под влиянием недоукомплектованных учебных заведений и диктаторских учебных программ, чем своих собственных родителей. Это зарождение их группового мышления и отождествления с группой.

Жизнь на протяжении шести месяцев в этих дискомфортных условиях что-то глубоко изменила во мне. Я начал разрушаться изнутри. Я стал неосознанно склонным к суициду. Это ужасающее состояние, окрашенное неактивным желанием прекратить чью-то жизнь или почувствовать боль. Это было так, будто автоматическое желание моего тела выжить отдергивало меня в самые бескомпромиссные моменты. Простые приятные радости и инстинкт самосохранения потеряли весь смысл. Для меня больше не было разницы между жизнью и смертью, кроме того, что жизнь требовала приложения больших усилий.

Я всегда был человеком, который радуется трудностям. Я сознательно подвергал себя дискомфортным условиям, потому что это всегда шанс усовершенствовать себя. Я верю, что вполне способен превратить то, что не убьет меня, в возможность для самосовершенствования. Но Китай показал мне совершенно отличающийся вид страданий. Там не было на что давить — никакого противодействия силе. Источник энергии был изъят из моей личности, и у меня больше не было ресурсов для работы. Негде было повернуться, и не было внешних факторов, на которые можно было бы направить мое недовольство. Поэтому я сломался.

Этот переломный момент стал возможным только из-за особых внутренних обстоятельств, которые я создал для себя ранее, за годы, проведенные в Латинской Америке. Сам того не желая, я обрекал себя на самое глубокое опустошение, которое только может испытывать отдельно взятая личность. Благодаря тому что я раскрыл свои настоящие ценности, я открыл путь к их разрушению. Я только начинал обретать уверенность в том, кем я в действительности являлся. Я знал, что меня заботит и к чему я бы хотел приложить усилия. Я бессознательно готовил почву для собственного величайшего краха в форме настолько глубокого отчаяния, которое невозможно было бы испытать под покровом моей старой жизни.

Китай показал мне, что у всего есть обратная сторона. Чем сильнее утверждение, тем ярче выражается его противоположная сторона. Принципиальный человек, совершающий великие поступки, не может соблюдать нейтралитет. Настаивая на своем, вы становитесь открытым для атаки. Изучая, насколько важны для меня общественное согласие и свобода самовыражения человека, я также понял, что подавление этих вещей могло сломать меня. У меня не могло быть одного без другого. Я также не мог вернуться ни к состоянию познания, ни к состоянию заинтересованности. Впервые в жизни я осознал, что в буквальном смысле не хочу жить в мире, где вещи, свидетелем которых я оказался, могли существовать именно в таком виде.

Эти испытания открыли самую суть моей личности. В основе моего "я" было не что иное, как сила взрастить потенциал мира в его уязвимой форме. Я сбросил с себя несущественные элементы своего опыта, чтобы найти то фундаментальное, что оберегает невиновность и разрушает бесчеловечность. Я больше не чувствовал себя личностью. Как и у любого другого, во мне продолжали существовать воспоминания, предпочтения, пороки и приверженности, характерные для представителя рода человеческого. Но под этим поверхностным слоем скрывался гораздо более важный принцип восприятия себя и функционирования в мире. Это была непоколебимая приверженность особому виду идеалов. Я никогда бы не был доволен жизнью, сформированной ожиданиями других людей, которая оставляла меня под гнетом внутреннего одиночества и изоляции от общества. Но таким оказался мой жизненный путь.

Моя жизнь больше не была ориентирована на преодоление прошлого. Она ориентировалась на подготовку к экзистенциальным вызовам будущего. Я уже невольно обозначил свои битвы, поддержав выбранные мною ценности. Они же в конечном счете определили все в моей жизни и поступках. Я, как личность, работал, чтобы стать одушевленной формой этих ценностей — формой, для которой у остального мира есть имя и история: Грегори Дил.

Мне, наверное, понадобилось бы много месяцев вдали от Китая, чтобы восстановиться после травмы, которую он мне нанес, но со временем я перестроился под свои цели. Эта новая концепция потенциальных темных сторон человеческого поведения сейчас бесценна для моего восприятия себя и окружающей среды. Я точно знаю, что значит жить без дорогих для меня вещей и придерживаться своих принципов в мире, который кажется безразличным или даже выступает против них.

Та боль — мой постоянный партнер и средство напоминания о том, для чего я стараюсь. Это концентрирует мое внимание и защищает от постоянных ненужных отвлечений. Не знаю, смогут ли люди осознать, кем они являются и что ищут, если не переживут полную деконструкцию себя наподобие той, что перенес я. Знаю лишь, что это было необходимо такой личности, как я, чтобы подойти к краю моей собственной бездны и оставаться там до тех пор, пока я не обрету гармонию со своим состоянием. Вот что значит знать, что сможет разрушить вас. Все имеет негативную сторону, и каждый должен рано или поздно узнать, что же может сломать его.

Люди боятся этой безграничной ответственности, потому что так привыкли оглядываться на прошлое для совершения поступков в будущем. У них никогда не было возможности или обязанности взглянуть на свою жизнь в другом ключе. Они не знают, что значит задать себе вопрос о том, чего вам хочется на самом деле, то есть по-другому подойти к выражению условий, которые сделают их максимально счастливыми или несчастными. Они не знают своих базовых пределов, потому что никогда к ним не приближались. Глубокое понимание пределов моего существования — долгосрочный подарок, который преподнесли мне пороки Китая.

Каждый темный уголок души — редкая возможность для более глубокого самоанализа, но только если принимать эту темноту. Иногда все должно ухудшиться перед тем, как станет лучше. От достижения негативных глубин вас бережет собственный страх познания себя. Человек, существующий как совокупность воспоминаний и ожиданий других, никогда не сможет узнать, что же значит столкнуться с темными силами, выступающими против него. Только принципы имеют отношение к этой ужасной роскоши.

ЧАСТЬ 6

Победа и возрождение

ОТКРЫТИЕ НОВЫХ СПОСОБОВ СУЩЕСТВОВАНИЯ

То, как вы научились жить, будучи тем, кем являетесь, не единственно возможный способ существования. Если бы вы выросли в обществе с другим мировоззрением, под другим именем и с другими ценностями, ваши возможности, наверное, выражались бы по-другому. Когда вы достигнете пределов того, что могут позволить вам начальные условия, вам необходимо будет вырваться из них, чтобы двигаться дальше, в мир внутренних возможностей. Этот процесс начинается с ощущения утраты, но не заканчивается им же. Вместе с разрушением появляются семена созидания, но только в том случае, если вам хватит стойкости увидеть цикличную схему с другой стороны. Если вы приняли потерю всего, что когда-то определяло вашу суть, вы научитесь смотреть на каждую жизненную ситуацию под разными углами. Вы поймете, что существует бесчисленное количество различных способов решать одни и те же проблемы и множество задач, решением которых вы можете заниматься.

Примирение со своими мыслями может разрушить вас, сделав психологически неуязвимым, потому что так вы освобождаетесь от исчерпавших себя старых традиций. Место, которое они занимали, сейчас пустое. То, чем вы его заполните, в тот же день определит ваш жизненный путь. Затем вы сможете заново построить свою жизнь, сняв с себя оковы прошлого. Вы сможете упорядочить переменчивые факторы собственной жизни, чтобы стать интересным самому себе. Чтобы сделать это, вы должны знать, кем являетесь и как будете вести себя в разных условиях. Вы должны заново открыть себя.

В детстве у всех нас было множество идей относительно того, чем мы собираемся заниматься в будущем. Но к 25 годам большинство из нас смиряется с шаблонностью и установленным жизненным укладом. Консервировать в своем уме привычный и знакомый образ жизни с каждым днем становится все легче. Со временем наши предпочтения оказываются все более ограниченными. Мы забываем ощущение исследования как активного состояния.

Достижение максимального уровня исследования пугает обычных людей, потому что они отождествляют себя со своими пределами. Они забыли, как выходить за рамки известного. Было время, когда вы не думали о том, насколько неловко будете себя чувствовать, если сразу же не сумеете овладеть новым навыком. Испытание чего-то нового безмерно захватывало каждого из нас. Взрослые с годами теряют эту свободу из-за того, что делают более стойким понятие собственного "я" в условиях своего окружения. Малейшее проявление слабости означает уничтожение этого "я", что является участью хуже физической смерти.

Нет ничего плохого в определении своей специализации в жизни, но, если заранее не уделить этому должного внимания, разум может закрыться для нового опыта. Выбранные специализации становятся нашими профессиями, увлечениями и способами, при помощи которых мы рассказываем миру, кто мы такие. Мы так привыкли обозначать себя определенными способами самовыражения, что автоматически отвергаем любые другие варианты. То, кем вы являетесь, не более чем подсознательный сценарий, которого вы придерживаетесь.

Культурные убеждения говорят нам, что развитие личности заканчивается в старшем подростковом возрасте. Новые навыки и способности вырабатываются либо в молодости, либо не вырабатываются вовсе. Широко распространенная система понятий убеждает нас в том, что всю оставшуюся жизнь нам предстоит быть теми, кем мы стали после получения образования. Эта мрачная перспектива считается нормальной по всему миру. В действительности, по моим наблюдениям, это одна из самых распространенных характерных черт человечества.

Маленькие дети безнаказанно совершают ошибки, непозволительные взрослым, поскольку никто не ожидает от людей, не имеющих особого жизненного опыта, каких-либо правильных действий. Будучи взрослыми, мы учимся испытывать чувство стыда, играя на фортепиано фальшивую ноту или делая неверное замечание по поводу сложного предмета. Это куда менее простительно взрослому мужчине или женщине, которые должны лучше знать, как нужно делать. Взрослым не дают поблажки, которая необходима им, чтобы попытаться сделать то, что не получается довести до конца.

Парадокс обучения во взрослом возрасте заключается в том, что наши способности, ресурсы и опыт больше, чем раньше, но мы не можем так легко, как когда-то, воспринимать новую информацию. Мы более тщательно и глубоко вникаем в познание, но легко теряемся при контакте с неизвестным. Благодаря тому что у детей нет устойчивого понятия "хорошо знакомое", они не проявляют такого сопротивления. Это их уникальное преимущество перед нами. Их природный энтузиазм играет в этом большую роль. Они не боятся испытывать дискомфорт от назойливых личных границ. Когда люди перестают учиться, они живут только для того, чтобы сохранять то мировоззрение, которому были обучены ранее. Их действия сохраняют мир в рамках тех стандартов, которые были установлены их предшественниками. Они изучают правила жизни, и затем эти правила диктуют им, как жить, делая людей рабами собственных знаний. Преодоление убеждения, что учиться сложно, может быть большим испытанием, чем сам процесс обучения. Но это крайне необходимо для непрерывного личностного роста.

Зачастую именно новички в каком-то предмете быстрее всего усваивают принципы обретения навыков. Полученный ранее опыт формирует предрасположенность. Мы перенимаем субъективные предубеждения тех, кто уже знает, что делать. Эксперты ограничиваются старой информацией, потому что их разум уже заполнен ею. Они не могут принимать в расчет разные мысли из одной категории, если не примут одну из них как абсолютно правильную. Именно так мировоззрение со временем сужается. Независимо от степени интеллекта, эмоции недостаточно изменчивы, чтобы сделать возможными постоянные перемены. Только "чистым листам" не нужно бороться против инерции опыта. Если вы работали на одной и той же работе, жили в одном и том же городке, вращались в одном и том же социальном кругу и в большинстве случаев имели дело с одними и теми же проблемами, то вы забыли о захватывающих впечатлениях от исследований, чистых и искренних, как у детей.

Все в жизни постоянно меняется — в сторону прогресса или спада. Без побуждения к исследованию принципы комфорта поглощают нас. Люди не способны увидеть, что продвинет их к более глобальным и перспективным целям. Они не переживают, заполняя дни счастливыми событиями, но и не могут распланировать свою жизнь более масштабно. Умышленно подвергая себя воздействию новых факторов, вы не можете не добиться значительного успеха. Вы будете взрослеть быстрее, выбирая альтернативы известному.

На протяжении всего детства я изо всех сил старался поступать именно так, как от меня ожидали другие люди. Я чувствовал себя лишенным того, что от рождения было заложено в других, — автоматического понимания, каким должен быть мой следующий шаг. Мне необходимо было начать анализировать поведение людей, выискивая при этом еле уловимые подсказки в речи, жестах и мимике, чтобы понять их подсознательные ожидания. Это часть того, что породило во мне навязчивую идею понять множество способов совместной жизни людей на нашей планете. Со временем я осознал, что могу победить людей их же оружием, освоив способность к социальной адаптации и направленной коммуникации.

Люди, родившиеся в неблагоприятных условиях, уважительно относятся к тому, что другие воспринимают как данность. Они обладают большей перспективой. Это уникальная способность, свойственная представителям человеческого рода. Каждый из нас может развивать свое внутреннее "я" с помощью знаний и практики. Со смертью исчезают социальные, эмоциональные и умственные преграды. Затем наступает возрождение. Когда вы ставите перед собой цель изучить как можно больше жизненных правил, вы перестаете быть их рабом. Они начинают работать на вас, потому что вы можете выбирать, воспользоваться ими или нет. Вы получаете большую свободу выбора, чем обычные мужчины и женщины. Вы достаточно свободны, чтобы начать строить окружающий мир так, как сами того хотите, а не позволять ему подстраивать вас под собственные потребности. Это способность, которая лежит по ту сторону смерти и возрождения. Вы сами становитесь творцом.

Часто говорят, что человек умирает вскоре после выхода на пенсию. Когда люди отходят от дел, которыми занимались всю жизнь, они теряют свое место в истории жизни. Возможно, год или два после этого они будут проводить время, бездельничая на пляже или играя в гольф в свое удовольствие. Но когда уже ничто не требует их времени, их личности начинают разрушаться. Они не могут разобраться, что же делать с предоставленной свободой. Им никогда раньше не доводилось принимать решение о том, что делать, не имея при этом каких-либо обязательств перед другими.

Формировать жизненный уклад — значит брать бразды правления в свои руки и ковать собственный путь в свое удовольствие. Чтобы стать сознательным творцом своей окружающей среды, вы должны знать, что даст вам возможность преуспеть в жизни. Вы должны также знать основные ограничения своей личности. Это пределы, которые мы раз за разом проверяем, углубляясь в изучение самих себя и проводя разведку внешнего мира до границ неизвестного. Когда вы пережили наихудшее, у вас появляется перспектива, которая открывалась за всю историю лишь перед единицами. У вас появляется свобода, ранее редко встречавшаяся.

Обычные люди так не живут. Они проводят свою жизнь в поисках подтверждения своих состоявшихся взглядов о себе. Их погоня за стабильностью приводит к излишней самонадеянности, что, в свою очередь, влечет за собой деградацию и смерть. В течение всей жизни люди снова и снова проживают одно и то же. Этот шаблон должен быть полностью разорван для того, чтобы произошла устойчивая перемена. В каждом из нас есть стороны, неприемлемые с точки зрения того, как нам об этом рассказывали. Мальчиков поощряют заниматься определенными видами деятельности, в то время как девочкам дают их отдельный набор правил. Нестандартных подходов к близким отношениям остерегаются по всему миру. Мы создаем ярлыки, чтобы отнести к той или иной категории вещи, которых не понимаем, называя их грехом, преступлением или извращением.

Жизнь как сторонний наблюдатель разрешает вам быть разным. Вам стоит не только не беспокоиться о нарушении правил, которым вас научили дома, а и понимать, что иностранцы часто не придерживаются стандартов поведения местных жителей. Статус "не в своей стихии" дает вам возможность заново открыть себя и понять, кем вы являетесь. Все, чего вы должны стыдиться, как вас учили, может быть заново выведено на первый план в вашей жизни. Вспомните то, что вас беспокоит, до того, как кто-нибудь скажет вам, о чем стоит беспокоиться. Эти черты все еще характерны для вас. Они вернутся, когда вы уберете культурные преграды, занявшие их место. Ваше природное программирование сменится, если только вы сойдете со своего пути на время, достаточное, чтобы позволить это.

Некоторых людей очень пугает мысль о том, что внутри вас есть другой "вы", погребенный под тем "вы", которым вы научились быть. Настоящее "я", высшее "я", истинное "я"... Нет разницы, какое название вы захотите применить. Дать этому названию — значит понимать, что это иное, чем вы в действительности являетесь. Это то, что вы думаете о себе, в отличие от того, кто вы есть на самом деле. Оно держит вас внутри круга невзгод. Чем больше вы осмысливаете это, тем дальше от этого оказываетесь. Как вы достигаете того, что продолжает удаляться от вас тем больше, чем быстрее вы за ним гонитесь?

Это дар, которым я обладаю благодаря своей неординарности. Мне больше некуда было бежать, кроме того места, где я уже был. И когда я научился наблюдать за собственной жизнью, происходящей в настоящий момент, не учитывая, откуда я, куда иду и что это все означает, я смог начать перестраивать свою жизнь на прочной основе. С возрастом это дается все сложнее. Есть больше лжи, которую следует забыть, и более крепкое влияние собственного "я". Проще говоря, людям старшего возраста есть что терять гораздо больше, чем молодежи. Но это не означает, что это невозможно. Существуют реальные истории людей, которые в свои 40, 50 и 60 лет в конечном счете приходят к познанию себя после поисков в течение всей жизни. Им посчастливилось попасть в такой круг событий, который привел их к состоянию, в каком они были готовы понять правду. Далеко не каждый получает такое счастье в течение своей жизни, или же люди просто слишком слепы, чтобы видеть его, когда оно приходит.

Спросите себя, что подтолкнуло вас начать исследовать этот путь. Что привело вас в место, где вы сейчас находитесь? Затем спросите, почему вы пока отказались продолжать. Вы либо не знаете как, либо, скорее всего, приняли решение подольше оставаться в переходном состоянии. Вы переживаете о том, что случится, если вы полностью посвятите себя возрождению. Оставим мысль о том, что такому глубинному состоянию нужно подходящее время. Нет необходимости продлевать ваши иллюзии о себе.

Вы можете с каждым днем посвящать все больше времени изучению своих способностей. Вы можете следовать за знакомыми чувствами до их предсказуемых пределов. Их взаимоусиливающее воздействие на вашу личную и профессиональную сферы жизни будет ошеломляющим. Совсем скоро вы, вероятно, перестанете признавать то место, откуда вы родом. Такой стремительный рост будет казаться угрозой для других и смущать и их, и даже вас самих, если вы это позволите. Но это вы просто чувствуете себя достаточно свободным, чтобы быть собой.

Люди обретают уверенность в своих действиях, когда видят положительный результат.

Уверенность, в свою очередь, приводит к более важным действиям. Это имеет цикличный характер. Какие бы чувства ни назревали внутри вас, рано или поздно это должно вылиться в реальные действия. Так открываются новые способы жить — по одному незнакомому действию за раз. Дух приключений приведет вас к этим незнакомым местам. Когда вы уже находитесь за пределами своей зоны комфорта, у вас есть больше свободы попробовать то, что в обычной жизни вы бы не сделали. Это будут только ваши собственные исследованные пределы, которые будут держать вас в рамках конкретной манеры поведения — хоть положительной, хоть отрицательной. Возможно, вы поймете, что ваши старые увлечения не приносят вам удовольствия за пределами домашнего окружения, которое поддерживало их. Когда прежние проблемы перестанут быть такими важными, как раньше, вы почувствуете, будто теряете маленькую часть себя. Но праздное любопытство вернется, заставляя вас развиваться дальше.

Жизнь в новых условиях дала мне возможность развить глубокую благодарность науке, искусству и философии. Я научился ладить с природой. Я начал интересоваться защитой прав животных, образованием, предпринимательством, развитием детей и даже писательством. Эти интересы не пришли из ниоткуда и не были привиты мне людьми из нового окружения. Они взяли свое начало из моей врожденной способности, которая нашла новые основания для проявления. Я продолжаю учиться, и меня до сих пор удивляет моя неспособность предугадать, насколько другим я буду через год. Пока я вижу перед собой только извилистую дорогу.

Люди перестают развиваться из-за того, что не исследуют собственное поведение по-новому. Знакомые условия не позволяют делать это. Раскрытие личности должно начинаться как ответ на новые стимулы, занимающие место старых. Это значит, что каждый человек должен взять на себя инициативу отыскать новые стимулы по-своему и в свое время. Вы должны иметь мужество следовать за собственным любопытством, куда бы оно вас ни привело.

Вы поймете, что так же, как в каждой культуре есть свои недостатки, существуют и уникальные привлекательные особенности. Все они объединены собственными правилами, которые бывают порой вполне рациональными. Вы больше не обязаны посвящать всего себя только одному образу жизни или следовать лишь одному своду правил. Каждая система может чему-то научить вас. Художник пытается добавить как можно больше цветов в свою палитру — так он получит больше возможностей для творческого самовыражения. Он изучает правила, чтобы в стратегические моменты нарушать их. Он меняет мир по своему представлению, добавляя в него маленькую часть себя везде, где появляется.

Люди боятся того, что не могут отнести к той или иной категории — другими словами, того, чего не понимают. Какое-то время вы будете чувствовать себя потерянным и не принадлежащим ни к одной конкретной категории. Не позволяйте этому чувству раньше положенного времени обманом втянуть вас в процесс выбора собственного истинного "я". Не существует единого способа быть путешественником, художником, ученым, супергероем или философом. Вы принимаете объяснения других людей, когда не в состоянии дать собственные. Продолжайте идти, пока не придете к себе самому.

Каждый раз, когда вы пробуете что-то новое, вы должны сначала изучить правила той системы, частью которой являетесь в данный момент. Вы не можете начинать с тех же колоссальных выводов, которые, как вы видите, делают более опытные люди. Перемены настолько пугают, что большинство людей никогда даже не начнут их, и их цели навсегда останутся нереализованными. Вы боитесь менять себя, чтобы приспособиться к системе, которую не понимаете до конца. Именно поэтому вы должны анализировать каждое новое знание, которое вам попадается. Разберите его до основ так, чтобы вы могли использовать главные принципы этого знания для его же усвоения.

Нас автоматически определяют те проблемы, которые забирают у нас время. Они являются нашими составляющими. Без них наши личности были бы неразличимыми и аморфными. Не имея проблем в жизни, мы сами будем их создавать. Что-нибудь всегда должно занимать важное место в нашем разуме. Если наше выживание не находится под угрозой, мы переносим проблемы на что-нибудь обыденное. Напряжение остается на том же уровне. Ничто никогда подолгу не находится в состоянии покоя. Тоска нежизнеспособна.

Свобода предполагает выбор для себя проблем, которые вы хотите разместить в своей сфере приверженностей как те, которые будете решать. Вы сами являетесь главным арбитром, определяющим, что достойно занимать место в вашей жизни и что может вызвать напряжение. Если у вас должны быть проблемы, сделайте их ценными. Мудро выбирайте свои привязанности. Определите для себя, за что стоит бороться и умирать — принцип, больший, чем вы сами.

Когда вы знаете, что аутентично для вас, вы окажетесь на пути познания принципов своей личности. Это несогласие с болью и стремление к достижениям, что приводит к великим переменам. Это то состояние, которого обычные люди боятся, поскольку сопротивляются глубине, в которую должны проникнуть, чтобы познать себя. Это то, что покажет вам новые навыки и способности, которые понадобятся, чтобы сделать то, что, на ваш взгляд, должно быть сделано сейчас. Осознание этого является тем моментом, когда вы по-настоящему начинаете жить.

Часть 7

Новый дом

ПОИСКИ СВОЕГО МЕСТА НА ЗЕМЛЕ

Свобода — это полный контроль над главными факторами своей жизни. Разные части мира ограничивают возможность местного населения выбирать, как им действовать. Это осуществляется с помощью законов и социального давления с целью всегда удерживать своих граждан в пределах конкретных рамок допустимого поведения. Единственным всецелым избавлением от культурных ограничений является полное отречение от цивилизации. Когда люди становятся уверенными в том, что знают себя, они закономерно переселяются туда, где свободно смогут быть настоящими. Они хотят быть частью той культуры, которая почитает их ценность, а не той, которая пытается изменить их. Они хотят работать на себя, так как это значит, что они смогут выполнять ту работу, которую считают самой стоящей. Они ищут свое место в крайне переполненном людьми пространстве.

Сегодня я воспринимаю себя как человека без определенной культуры или дома. Несмотря на то что я продолжаю рассказывать людям, что я родом из Соединенных Штатов, я не испытываю никакого чувства гордости, привязанности или отождествления со своими предками. Калифорния является всего лишь местом, откуда я родом, — произвольная точка, в которой мне довелось родиться и расти в течение какого-то времени. Для меня настоящего оно является не более важным, чем любое из многих мест, в которых я побывал.

Дом может быть в любом месте, где вам комфортнее всего, там, где вы сможете быть самим собой. Поиски такого места были частью моего "квеста" с того времени, как я начал его много лет назад. Взгляд за пределы вымышленных границ, разделяющих наши группы, позволяет вам выбрать лучшее из того, что есть в каждой из местностей. Человек мира имеет возможность отклоняться от правил любой культуры, учитывая свои личностные ценности. Чем больше вы путешествуете, тем больше у вас появляется вариантов для выбора.

"Теория флагов" — гипотеза, утверждающая, что самая большая безопасность в жизни основывается на разнообразии жизненного уклада, доходов, имущества и "национального выравнивания" людей в разных частях мира, где можно найти наилучшие условия для каждого человека. Это защищает вас от потерь при значительном дестабилизирующем событии и позволяет добиться наибольшего успеха, давая возможность извлечь максимальную выгоду из сильных сторон того или иного места. Это мощное выражение глобальной личности в современном мире.

Тот, кто вовсю использует "Теорию флагов", скорее всего, имеет паспорта двух или трех стран с разных континентов, может проживать на законных основаниях еще в каких-то местах, которые относятся к другим странам или территориям, регистрирует свой удаленный бизнес где-либо еще и владеет недвижимостью или другими активами, находящимися еще в каком-то, совершенно ином месте. Помимо всего прочего, такие люди, вероятно, проводят большую часть личного времени в качестве туриста в местности, с которой у них нет никакой другой связи. Благодаря тому что их взгляды без проблем выходят за пределы национальных границ, они могут получать пользу от уникальных преимуществ, предоставляемых каждым из таких мест. Варианты образа жизни, которые при этом открываются, безграничны.

Для гражданина мира, не привязанного к какому-то конкретному месту, паспорта кажутся надуманным разрешением, которое выдают правящие политические круги. Несмотря на то что такие документы якобы позволяют иметь большую свободу передвижения, они также являются эффективными инструментами для ограничения действий людей. Ранее их отбирали у тех граждан, которые не платили налоги или проявляли еще какое-либо отрицательное поведение в отношении своих королей и лидеров. В 2016 году Соединенные Штаты приняли закон, позволяющий лишить гражданства и паспорта любого гражданина, налоговая задолженность которого составляет более 50 000 долларов; эта юридическая ответственность усугубляется тем фактом, что американцы облагаются налогами независимо от того, где они живут или откуда получают прибыль.

Банковские операции в другой стране кажутся легкой задачей. Просто идете в отделение банка со своими деньгами и удостоверением личности и просите открыть вам счет. К сожалению, большинство стран, достаточно стабильных для того, чтобы хранение денег у них было привлекательным, делают при этом "затруднительно-невозможной" опцию хранения там средств для нерезидентов. Существуют исключения, но в соответствии с нормами Закона США "О налогообложении иностранных счетов" банки по всему миру вынуждены сообщать о любых движениях по счетам граждан США на их родину. Это сводит на нет большинство преимуществ хранения ваших денежных средств в принципе, и это заставило многие банки и страны вовсе отказаться от сотрудничества с американцами.

Выбор страны, гражданский паспорт которой стоит иметь, зависит от того, куда вы планируете с ним ездить и сколько усилий готовы приложить, чтобы получить его законно. Для того, кто наиболее часто путешествует по Европе, хорошо иметь паспорт с безвизовым доступом в Шенгенскую зону. Граждане большинства развитых государств, находящихся за пределами Европейского союза, получают автоматическое разрешение на въезд на срок до 90 дней каждые 180 дней, однако граждане стран третьего мира должны настраиваться на необходимость заблаговременного оформления визы у себя дома. К сожалению, процесс получения гражданства в большинстве стран потребует от 5 до 10 лет постоянного проживания там и еще, возможно, выполнения некоторых других требований, таких как ведение предпринимательской деятельности с определенным уровнем налогооблагаемого дохода. Тем не менее есть другие варианты, такие как программа гражданства по происхождению, преимуществами которой я смог воспользоваться в Армении, или гражданство через инвестиции для людей, имеющих больше денег, чем времени. Карибская страна Доминикана "продаст" вам паспорт за 100 000 долларов невозмещаемого взноса или за 175 000 долларов, вложенных в соответствующую недвижимость. Если это кажется вам дорого, отмечу, что стоимость подобных программ в некоторых других странах достигает миллионов.

Было бы хорошо жить в мире, достаточно развитом с политической точки зрения для того, чтобы можно было иметь полную свободу в путешествиях, ведении торговли и постоянном проживании. Еще в 1954 году политический активист Гарри Дэвис придерживался подобных идеалов. Он основал неприбыльную организацию "Всемирное правительство граждан мира" (World Service Authority), чтобы печатать и выдавать то, что он называл паспортом гражданина мира, — выездное удостоверение личности, не привязанное к гражданству какой-либо страны и доступное для любого, кто соответствует основным требованиям идентификации личности.

Паспорт гражданина мира — замечательный жест, но пока что недейственный. Он был официально признан лишь шестью странами (Буркина-Фасо, Эквадор, Мавритания, Танзания, Того и Замбия). Невзирая на его более чем 60-летнюю историю, большая часть мира продолжает считать его незаконным вымышленным документом, пригодным только для людей без гражданства и беженцев в критические моменты, когда нет других возможностей для путешествий.

Несмотря на то что есть эпизодические сообщения о путешественниках, которые въехали в более чем 180 стран с паспортом гражданина мира, поездки с ним несут значительный риск быть задержанным или арестованным. Но это не значит, что негосударственная форма гражданства не сможет однажды стать законной в нашем стремительно меняющемся мире.

Или взять, к примеру, Либерленд, самое молодое перспективное микрогосударство, основанное в апреле 2015 года на маленькой площади никому не принадлежащей земли между Хорватией и Сербией. Президент Вит Едличка, политик из Чехии, задался целью создать страну, основанную на принципах открытых границ, свободной торговли и культурной всеобъемлемости. Их официальный лозунг — "Живи сам и дай жить другим", и они приветствуют людей всех культур, отрицающих экстремизм. Несмотря на то что Либерленд не получил официального признания существующими великими державами, нашлось более 400 000 желающих получить его гражданство. Независимо от того, станет ли эта страна центром прогресса и процветания, к которым стремятся ее основатели, даже текущая стадия развития Либерленда является показателем эволюционирующих представлений о том, как может быть построено общество.

В штате Тамил-Наду в южной Индии есть город Ауровиль, который обладает многими признаками современного самопровозглашенного государства. Ауровиль или "Город рассвета", основанный в 1968 году, получивший поддержку индийского правительства и защиту ЮНЕСКО, медленно вырос из поселения с 400 жителями до городка с населением в 2400 человек. Это место является домом для эмигрантов из 49 стран и призвано служить примером того, какой может стать человеческая цивилизация, если мы выглянем за пределы условных различий наших обществ. Несмотря на то что его предназначение — положить начало интеллектуального перехода к будущему, Ауровилю, по имеющимся сведениям, не удалось полностью соответствовать своим утопическим идеалам. Помимо его "застойной" популярности, он выступает предметом исследования многих аналогичных проблем, от которых его основатели стремились избавиться. Здесь продолжают существовать коррупция, преступность и даже убийства. Невзирая на то что город позиционирует себя как "безденежное" общество, он и дальше принимает богатое финансирование извне и его жители используют средства внутри для банальной формы обмена. В дополнение к этому бюрократичная нерациональность, которой хотели избежать основатели, продолжает отягощать ежедневное ведение хозяйственной деятельности.

Основываясь на учениях индийского гуру Шри Ауробиндо, Ауровиль имеет множество черт, больше свойственных духовной общине, чем городу мира.

Даже океаны и космос не закрыты для современного поселенца. Институт систейдинга стремится создать первые в мире политически суверенные плавучие города в открытом море. Делая шаг навстречу идее, частная организация, именующая себя Асгардия, планирует запустить спутник на орбиту Земли в октябре 2017 года с целью основать первое государство в космосе. Любой человек может подать ходатайство о предоставлении гражданства в новом научно ориентированном государстве, при этом они будут продолжать жить здесь, на Земле. В цифровом мире Bitnation пытается построить альтернативу основанным на договорах государственным органам обслуживания, используя криптографию и технологию блокчейн. Даже Эстония сейчас предлагает цифровое электронное резидентство для людей, которые никогда не ступали на ее территорию (с более чем 13 000 успешных регистраций в первые 18 месяцев реализации проекта), и создает "информационные посольства" государственной технической поддержки на чужой земле. Такие инициативы бросают вызов нашим основным понятиям о том, что представляет собой страна и даже ее функционирование.

Мои цели как путешественника развивались по мере того, как я рос в таком жизненном укладе. Я практически ушел от частой смены локаций и сейчас задумываюсь о том, чтобы осесть в каком-нибудь месте, которое отвечает моим идеалам, как минимум на какую-то часть года постоянного проживания. Такое исследование привело меня в город в долине южного Эквадора, именуемый Вилкабамба, в часе езды от культурной столицы Лохи. Я искал организованный микрокосм душевного равновесия в преимущественно неуравновешенном мире. Меня привлекло туда множество положительных отзывов от экспатриантов — людей, приехавших со всего мира с целью найти успокоение в этой мирной долине.

Вилкабамба известна среди местных как El Valle de la Longevidad, что значит "Долина долголетия". Название основывается на слухах о том, что, по статистике, ее обитатели живут дольше средней продолжительности жизни и это одно из мест самой большой концентрации долгожителей (людей в возрасте более 100 лет) в мире. Подобные территории по всему миру называются "Голубые зоны", и их формулы долголетия приписывают лучшим воздуху, воде и почве, климату "вечной весны" и жизненному укладу, влекущему за собой низкий уровень стресса и регулярные занятия спортом.

Сам по себе город — это смесь местных, живущих там поколениями, и иностранцев со всего мира, выбравших для себя это место вторым домом. У Эквадора одни из самых открытых границ в мире, что позволяет любому человеку, кроме граждан 12 стран, останавливаться там до трех месяцев в качестве туриста. Граждане большинства других южноамериканских стран даже могут въезжать туда с одним только удостоверением личности. Это также одна из немногих стран, признающих законность политически независимого паспорта гражданина мира. Результатом является постоянно обновляющаяся смесь мировых культур. Сравните это с государством наподобие Туркменистана, который запрещает иностранным туристам из любой страны на Земле въезжать на свою территорию без предварительного получения у себя на родине 10-дневной туристической визы.

Эквадор, страна с самым богатым биоразнообразием на единицу площади, привлекает людей, которые ценят погружение в разные климатические условия и экосистемы. Он стал гаванью для американцев, вышедших на пенсию, так же как и Коста-Рика 20 или 30 лет назад, тогда еще не настолько переполненная. Медленный темп жизни и богатая бурной растительностью природа заставили меня чувствовать себя так, будто я действительно являюсь функциональной частью окружающей среды, продолжая при этом получать удовольствие от преимуществ человеческого мира, который возникал вокруг. Как экспатриант, я чаще всего был предоставлен самому себе и имел свободу выбора в том, как буду проводить свое время. Я мог спрятаться от мира в гуще деревьев или так же легко провести целый день, знакомясь с интересными личностями в магазинах и кафе.

Когда я наткнулся на Вилкабамбу, я находился в поисках места, которое смог бы назвать своим домом в тот момент и на неопределенное время в будущем. Это должно было быть место, где я смог бы вырастить своих будущих детей подальше от посторонних глаз и агрессивных оценок современной культуры. Я был настолько поражен уникальной комбинацией факторов, которую обнаружил здесь, что купил акр земли с целью вернуться, чтобы построить экодом, когда придет время осесть в одном месте. До сегодняшнего дня я еще нигде не нашел такого замечательного места, как это.

Притом что мне понравились некоторые местности, в которых я был, каждая из них имеет свои достоинства и недостатки. Именно поэтому маловероятно, что я когда-либо останусь в одном месте навсегда. Я бы предпочел жизнь многообразную, которая даст моей семье доступ к лучшему из того, что может предложить мир, исходя из наших собственных склонностей и потребностей. Я могу выбирать, потому что тяжело работал, чтобы открыть для себя, кем я являюсь и как это соответствует миру. Какими бы ни были ваши начальные условия, вы просто обязаны найти те места, которые позволят вам доживать свой век, будучи самим собой.

Человек, хорошо знающий как себя, так и мир, должен понять, какие культурные условия больше всего согласуются с тем, кем он в действительности является и что его по-настоящему волнует. Для меня ответом всегда была Латинская Америка. Больше нигде в мире я не нашел такого размеренного темпа жизни, идеального климата круглый год, погружения в природу и радушного отношения местных. Минимальные повседневные расходы на жизнь — всего лишь дополнительный бонус.

Где вы найдете свой собственный уголок для жизни? Вы не узнаете наверняка, пока не поищете. В первую очередь вы должны знать себя достаточно хорошо для того, чтобы понимать, что искать. Ответ на вопрос, чего вы действительно хотите, может удивить вас, как и реальное пребывание в каком-то месте на протяжении длительного времени. Пройдет время, прежде чем вас перестанет удивлять новизна и вы больше не будете чувствовать себя туристом. Именно тогда вы по-настоящему начнете ощущать себя частью их мира.

Это заманчиво — скопировать то, в чем преуспели другие. Но следование по их стопам только из-за того, что они уже доказали возможность этого, не послужит вашей уникальной идентичности. Вы всего лишь обмениваете один культурный сценарий на другой. Я предостерегаю каждого, кто стремится надеть на себя мантию исследователя мира, от попадания в эту находящуюся поблизости западню. Способ мышления туриста — это форма добровольного самообмана. Неразрекламированная правда о многих популярных туристических направлениях заключается в том, что они приносят удовольствие лишь несколько недель или месяцев подряд. Они предлагают жизнь, подобную вкусному десерту после скучной основной еды. Несколько первых кусочков просто восхитительны, но если это все, что вы когда-либо ели, вас одурманят его поразительные качества. Вам ужасно захочется чего-то другого, потому что это краткосрочная форма удовольствия. Вы не можете принять правильное жизненное решение, основываясь лишь на волнении от новой возможности. Подобные обстоятельства побуждают одинокого супруга найти себе новую пассию или бедного студента колледжа злоупотреблять алкоголем от скуки.

Когда у вас наконец появится свобода делать то, что вы хотите, как долго вы будете оставаться беззаботным в таком состоянии, прежде чем снова начнете предпринимать что-то важное? Быстрый переход от отсутствия свободы к полной свободе — опасная штука для разума, который пока еще не изучил свои собственные пожелания и пределы.

Терпеливый человек умеет идти медленно, чтобы не оказаться одураченным новизной. Нет единственно правильного способа сделать это. Каждое место имеет свои достоинства и недостатки в законодательстве, географических особенностях и культурных ценностях. Из-за того, что я уже бывал в некоторых из самых бедных и самых богатых уголков мира, у меня был более глубокий взгляд на многообразие человеческой жизни на нашей планете, чем у других. Это побуждает меня постоянно быть благодарным за то, что у меня есть, но при этом всегда стремиться к большему. Те, кто всегда знал лишь тотальную бедность или полный достаток, никогда не ищут ничего за пределами своего маленького узкого "окна в жизнь".

Моими любимыми частями мира являются те, которые находятся на этапе быстрого перехода от бедности к богатству. Они достаточно развиты экономически для того, чтобы предлагать основные блага жизни, но при этом не потеряли искренности, исходящей от людей, которые очень стараются сводить концы с концами. Они ценят то, что имеют, однако поставили перед собой цель достичь большего. Молодое поколение желает совершенствоваться и применять свои новые таланты в родной среде. Это тот современный дух человеческого рода, который, я думаю, мы потеряем, если будем чувствовать себя чересчур комфортно. Мы должны рано или поздно полностью познать себя. Это те места в переходном периоде (некоторые люди относят их к странам второго мира), где я больше всего чувствую себя как дома. Их не всегда легко найти. Обычно это одна из двух крайностей.

Грузия получила особое место в моем сердце за то, что является одной из таких неожиданных "жемчужин". Самые образованные люди владеют как минимум разговорным английским. Вы можете добраться на поезде или маршрутном такси практически до любого места в стране в течение нескольких часов за несколько долларов. Там хорошо развита культура кафе и ресторанов с разнообразием недорогой еды всех кухонь мира. Западный человек мог бы легко наслаждаться в этой стране современной комфортной жизнью за 500 долларов в месяц или даже меньше. Грузия также является местом, где и люди, и правительство, кажется, ценят присутствие туристов и экспатриантов. Это чрезвычайно важно, если целью является жизнь среди людей, а не над ними. Существует много мест, в которых я пытался укорениться и где со мной всегда обходились как с нежеланным гостем и на публике, и при личном общении. Такого никогда не скажешь о Грузии. Чиновники минимизировали бюрократическую волокиту для начала ведения бизнеса, открытия банковского счета или получения вида на жительство сроком на 5 лет. В рамках вполне действенной миграционной политики граждане большинства стран даже могут остановиться здесь на 360 дней в году в качестве туриста, и буквально любой может обратиться за получением гражданства и стать гражданином Грузии по указу президента в любое время, когда захочет.

Для меня это отличительные черты страны, которая радушно встречает знания, ресурсы и инновации. Это создает почву для весьма перспективного будущего, если они смогут сохранить такую прогрессивную политику. Подобные показатели я искал, решая, имеет ли страна долгосрочный потенциал для того, чтобы соответствовать моим жизненным предпочтениям и стратегическим планам. Это многие из подобных причин, по которым я выбрал Эквадор как место, где можно укорениться. В ближайшем будущем я бы хотел уделить время тому, чтобы глубже окунуться в африканский континент и посмотреть, какие тайные сокровища остались без внимания с точки зрения обычных путешественников.

Сейчас необходимые для меня удобства — самые примитивные. Я не хочу беспокоиться об Интернете, горячей воде или отключении электроэнергии. Я не хочу, чтобы меня расценивали как какое-то несущественное развлечение либо легкую мишень для попрошайничества или воровства. Я не воспринимаю излишний шум и не хочу, чтобы мне стало плохо, если я съем местную еду (что до сих пор случалось со мной только в Индии). Я не любитель холодных зим. Если я смогу найти место, объединяющее в себе эти характерные черты и жизнь там не будет стоить баснословных денег, я буду знать, что действительно нашел что-то очень особенное.

Моя стратегия создана с учетом моих потребностей и не подойдет для того, что необходимо другим, чтобы проявить себя в полной мере. Хорошо там, где нас нет, и вы не обязаны довольствоваться одним постоянным домом. Люди начинают думать о том, что же происходит в Азии или Европе, когда чересчур долго находятся в Латинской Америке, или наоборот. Вы можете снять квартиру в одном месте, приобрести дом в другом или завести достаточно знакомств в каждом из ваших любимых мест, чтобы вам всегда было где остановиться. Если места вашего проживания находятся возле крупных аэропортов, вам всегда будет легко съездить из одной местности в другую. Вы можете проводить каждое лето в Европе, когда погода там самая теплая, или специально уезжать летом, чтобы избежать толпы туристов, ищущих солнца.

У меня еще нет плацдарма в Азии, но, если я его когда-нибудь создам, он, скорее всего, будет на Филиппинах, которые я часто именую "Гавайи для бедняка". Им присущи многие характеристики, которые я люблю в Эквадоре: вечная "пляжная" погода, невероятно низкая стоимость жизни за пределами основных городов и местные, говорящие на английском и очень приветливые по отношению к иностранцам. Филиппины и Восточный Тимор известны тем, что являются единственными христианскими странами в Восточной Азии. Во многих отношениях это самая "западная" часть Востока. Кроме того, там у меня будет легкий доступ к свежему дуриану — огромному колючему тропическому фрукту, который пахнет как рвотная масса и обладает райским вкусом.

Для многих путешественников стратегия иметь несколько мест для жительства — самый удобный способ увидеть мир и никогда не уставать от какой-то одной местности. Во всем мире это куда более доступно, чем заказ отелей и краткосрочная аренда. Вы можете выбрать множество способов жизни — от большого города до маленького поселения, тропического леса, пляжа с белым песком, горной деревни или чего-нибудь среднего. Это также лучший способ получить второй вид на жительство и гражданство, в зависимости от условий страны.

Жизненные арбитражные сделки позволяют зарабатывать в стране, где высокие зарплаты и выгодно вести бизнес, а тратить деньги там, где стоимость жизни значительно ниже. Для людей общепринято жить за пределами крупных городов, где стоимость аренды низкая, и ездить на работу в центр, где высокие зарплаты. Такой же принцип можно применить в международном масштабе, где Интернет делает ежедневные поездки на работу чуть ли не пережитком прошлого. Сегодня любой может вести бизнес или трудиться на работодателя из Нью-Йорка или Лондона, живя при этом в очаровательной индейской деревушке в Мексике или на диком пляже в Таиланде.

Когда вы освобождаетесь от оков прошлого, вам не нужно больше придерживаться тех же ограничивающих принципов. Главное — отойти от имеющейся произвольной привязанности к своей родине. Учитесь смотреть нейтральным взглядом на то, что предлагает вам мир. Поезжайте туда, где к вам относятся с уважением, а не терпят вас. Только тогда, когда у вас есть гармония между самим собой и окружающей обстановкой, вы сможете начать настоящее единение с миром.

ЧАСТЬ 8

Возвращение к заурядному

ПРИМИРЕНИЕ С ПРОШЛЫМ

Не важно, в какую часть мира вы едете и какие изменения наблюдаете в своем окружении, будет нечто, не выраженное словами, что вы храните в памяти. Все, что вы когда-либо переживали, каким бы новым и неординарным оно ни казалось, окрашено правилами о том, как все устроено, которые вы усвоили раньше. Ваше давнее прошлое диктует вам, на что обращать внимание и каких ценностей следует придерживаться. Это ваша исконная культура, и многие люди ошибочно полагают, что это догмы на всю жизнь.

Отказ от простого устройства своей культуры в некоторой степени означает изолирование себя от окружения. Общепринятые желания больше не будут вам интересны. Что-то другое должно будет занять их место. Культура вашей личности становится более глубокой, чем та местность, где вы выросли, и правила, которым научило вас общество. Это ваша личная версия истории — рассказа, который практически все считают правдивым.

Сейчас я понимаю, почему для меня оказалось невозможно вернуться к своей прежней жизни. Я также знал, почему жизненные факторы не могли последовать за мной к новому образу жизни. Для пути, на котором я находился, не было точки отсчета. Я наблюдал, как окружающих постепенно подхватывало решающее влияние их культуры, делая их частью более масштабной групповой идентичности, в которой мне не было места. Я понимал тогда, что люди могли изучать только то, что отвечало уже существующим для них постулатам. Новые идеи должны соответствовать тому, что человек готов понять. Открытие разума для новых возможностей требует жертв. Отказ от старых, глубоко укоренившихся принципов — психологически вредный процесс.

Эти психологические ограничения формируют незаметные барьеры для наших действий. Они являются невидимой клеткой, в которую все мы заключены. Мы не можем действовать за пределами коллективной правды групповой идентичности, чтобы определить себя, подтверждая выводы, к которым, как мы думаем, пришли сами. Прекратив давление на барьеры, мы просто будем расти более ограниченными в своем понимании того, кем являемся и чего на самом деле можем достичь. Те, кто осознает это, должны преодолеть коллективную ограниченность, чтобы добраться до самого сердца собственного "я".

Когда люди говорят о непредубежденном разуме, они в основном имеют в виду готовность включить новую информацию в свое настоящее мировоззрение. Гораздо сложнее кардинально переосмыслить то, во что они уже верят. Очень трудно разрушить то, что они считают неотъемлемой частью самих себя. Это болезненный процесс жертвоприношения, подобный психологическому самоубийству. Ищущий должен быть готов вытерпеть боль ради того, чтобы узнать правду о самом себе.

Это больше, чем обычное исследование новых уголков мира или условий жизни. Суть заключается в новом взгляде на знакомые вещи. Исследование может идти в обратном направлении, чтобы охватить ваши родные места. Применяйте то, чему вы научились, погружаясь в неизвестные стороны своего старого "я". Тогда вы начнете видеть то, чего придерживаетесь, несмотря на ваш явный внешний прогресс.

Трансформация — это не только вновь открытое будущее. Это полностью переосмысленное прошлое. Эти два понятия тесно связаны между собой. Плохо ли, хорошо ли, но ваше прошлое собрало преграды, которые регулярно проявляются в вашей настоящей жизни. Независимо от того, куда вы идете, вы несете с собой эти знакомые ограничения. Настоящее построено на всем, что было до этого, и это история, которую знаете только вы. Вы единственный автор, который может отредактировать ее невольное влияние на ваши действия.

Каждый путешественник знает, что его впечатления, полученные от мира, влияют на его личность. Но даже такому человеку гораздо сложнее увидеть, как его собственное прошлое оказывает влияние на восприятие нового. Самое время разобраться в вашем прошлом с той же отчаянной любознательностью, какую вы испытываете ко всему миру. Это путешествие внутрь вашей личной культуры. Вы научитесь смотреть на себя, как это делает незаурядный посторонний человек, — как на туриста в ваших собственных воспоминаниях. Этот шаг необходим для того, чтобы понять, как и почему вещи становятся такими, какие они есть.

Посмотрите на отношения, которые вас сформировали. На нас сильно влияют люди, с которыми мы общаемся в процессе своего развития. Они формируют нашу основу для нормального человеческого общения. "Семья" — всего лишь слово для обозначения модели образования связи и динамики поведения в группе людей. Семья — это первое микрообщество в жизни, влиянию которого мы подвергаемся. Оно учит нас, как жить с другими людьми. Ваше представление о семье или ее отсутствии влияет на ваши взгляды о том, как взаимодействовать с другим человеком в качестве друга, любимого или влиятельной персоны.

Как и многие буйные молодые парни, я никогда не был близок со своими родителями, пока рос. Даже в детстве я воспринимал своих мать и отца как охранников границ моего взросления. Я чувствовал, будто жертвую своим потенциалом ради их представления о нормальности. Эта угнетающая система взглядов распространялась, как и следовало ожидать, на моих учителей в школе, правоохранительные органы, политиков и любого, кто играл в моей жизни ограничивающую роль. Это была непоколебимая часть моей личной истории, и она, разумеется, имела огромное влияние на мои действия.

Эту знакомую историю я брал с собой, когда прокладывал путь к местам чужим и неизвестным. Это дало мне рабочие инструкции о том, как иметь дело со многими из людей, которых я повстречал на ранних этапах своего путешествия. Я применял одинаковые шаблоны при взаимоотношениях с симпатичными девушками, соперниками и любой другой категорией людей в моей личной социальной иерархии. Чтобы изменить свой способ взаимодействия с миром, мне бы понадобилось полностью уничтожить эти основные принципы.

Когда я вернулся в Сан-Диего из своей первой поездки за границу, в Коста-Рику, я неожиданно узнал, что мои родители собрались развестись после 27 лет брака. Эта новость оказалась такой же шокирующей для моей матери, как и для нас, ее детей. Все ее представление о себе было перевернуто. Ее неприступные принципы были разрушены одной простой и внезапной переменой. Она больше не являлась той личностью, которой всегда считала себя, и вынужденное осознание этого факта разрушало ее. Месяцами она в слезах засыпала в одиночестве.

Каждый человек в жизни моей матери утешал ее тем, что все в конце концов нормализуется. В тот печальный период ее надежда покоилась в мечте о том, что она, вероятно, однажды сможет продолжить ту жизнь, которую всегда знала, только без мужа. Поскольку я дистанцировался от своих родителей много лет назад, я не привязывался к маминому видению себя как жены моего отца. Я был в уникальном положении, позволяющем посмотреть на нее новыми глазами — как на незнакомую женщину, которая горюет по своей старой жизни. Она утратила статус "моя мать" и больше не являлась персонажем из моей старой истории. В ее ранимости я видел человеческую сторону, к которой раньше не имел приверженности. Я решил тогда отпустить свои негативные воспоминания о ней.

И моя мама, и я пребывали на этапе опустошения на наших жизненных дорогах. Это позволило изменить установленный канон наших отношений. Мы могли встретиться снова, будто в первый раз, как совершенно незнакомые люди, у которых нет совместной истории. Благодаря той общей потере прошлых установок мы с матерью по сей день сохранили хорошие отношения. Ей также больше не приходилось воспринимать меня как непокорного младшего сына. Ничто из этого не стало бы возможно, если бы мы оба застряли в предыдущих толкованиях того, кем являемся. Мы должны были быть готовы забыть свои предположения друг о друге и о себе самих.

Все мы когда-то зависели от архетипа своей семьи для сохранения жизнедеятельности. Именно поэтому это занимает такое важное место в нашем сознании. Но мы также можем выйти за рамки этих нежизнеспособных начальных условий. Мы учимся заботиться о себе в отсутствие той структуры. Нам больше не нужно восстанавливать ее для того, чтобы действовать. Люди, которые не в состоянии пересмотреть свое прошлое, никогда не завершат переход к психологической зрелости. Пока они не удалят "хирургическим путем" проблемные ассоциации из прошлого, всегда будет существовать лимит того, насколько далеко они смогут зайти. Они снова будут переживать давно прошедшие события независимо от того, какие перемены происходят вокруг.

Люди, путешествующие для того, чтобы убежать от своей прежней жизни, никогда не уезжают слишком далеко. Конечно же, они легко могут сесть в самолет и оказаться за тысячи миль уже через несколько часов. Но они не могут с такой же легкостью перестроить условия, которые привил им их старый мир. Они носят свою культуру с собой везде, куда бы ни поехали, проявляя ее за границей. Они несут свое прошлое в настоящее, формируя траекторию своего будущего. Однако выхода за рамки культуры вашей родной страны недостаточно. Вы должны освободиться от своей личной истории или навсегда остаться узником того, что вам привило влияние людей из прошлого. Это ДНК вашего текущего опыта.

Для большинства это самый сложный шаг. Даже когда мы растем без потребности в патриотизме и стране, которую могли бы назвать своим домом, мы продолжаем держаться за собственное прошлое как за что-то сакральное. Это то, что дает нам наивысшее чувство собственного "я". То, что мы больше всего боимся потерять. Без этого мы не знаем, кем являемся, так же, как узник, запертый под замком на достаточно длительное время, забудет, как выглядит жизнь за пределами стен его клетки. Момент между смертью старого и рождением нового является для каждого из нас последним рубежом.

Никто не может изменить события прошлого. Что нуждается в изменении, так это постоянное переосмысление тех событий. Люди настолько озабочены тем, что с ними происходит, что не могут объяснить разницу между настоящим событием и восстановлением его в памяти. Когда вы рассказываете о себе, то извлекаете тончайшие детали из любого момента, который имеет отношение к вашему настоящему. Вы рассказываете историю того, как все было. Кем бы вы были сейчас, в этот конкретный момент, если бы должны были в одно мгновение забыть собственную историю? Какая часть вас существует только из-за того, что вы рассказываете себе о том, кем являетесь? Насколько верным себе вы бы ни оставались, как только вы сорвете все наследственные стереотипы поведения, это будет то, что определит вас. Это также единственный способ узнать, чего вы на самом деле хотите от своей жизни.

Кажется, это так просто — знать, чего хочешь. Тем не менее мы все время тянемся в сторону полярных целей. Нет системообразующей идентичности — определяющего принципа, который направляет наши действия в непротиворечивое состояние жизненного уклада. Люди познают, кем на самом деле являются, отказываясь от ярлыков, к которым они прилипают. Затем они могут жить, не имея препятствий из прошлого. Даже если новая среда полностью понятна, обязательства из прошлого продолжают существовать, пока человек определяется с тем, что для него действительно важно. Такая личность стремится к бо́льшим идеалам, свободным от оков ее плененного прошлого.

Когда вы преодолеваете эти ограничения, вы соглашаетесь с тем, что любой ваш выбор в ваших собственных руках. Вы вольны делать что хотите и когда хотите, не ощущая давления былого влияния, ограничивавшего вас. Вы можете оставить свою работу или семью. Вы можете завести разговор с каким-то новым человеком. Вы можете сесть в самолет и улететь в другой конец мира. Или можете вообще ничего не делать. Принятие сути выбора делает все ваши действия гораздо более основательными. Из всего, чем вы потенциально могли бы заниматься в данный момент, вы предпочитаете чтение этой книги какому-то другому занятию. Позже вы решите выпить стакан воды вместо виски. Завтра, возможно, вы решите пойти на работу, а не уволиться с нее. Ответственность за каждый момент вашей жизни лежит на ваших собственных плечах. Настоящая зрелость начинается тогда, когда вы принимаете ответственность за свои мысли и действия.

Те, кто ценит собственную жизнь, не ждут, пока изменятся обстоятельства. Они делают, что могут, постоянно, независимо от окружающей обстановки, чтобы выразить основополагающие ценности, которые их определяют. Действовать самостоятельно значит создавать особый вид перемены в поисках собственного удовольствия. С таким принципом вы каждый день получаете шанс выстроить шкалу его реализации. Чем выше ваша самооценка, тем активнее вы используете свою жизнь, чтобы получать то, чего хотите.

С того времени, как я уехал, я несколько раз возвращался в свой родной дом в Сан-Диего. Сейчас есть лишь воспоминание о месте, откуда я родом, и признание того, что я с ним не связан. Это больше не мой дом. Для меня нынешнего он кажется странным и неестественным, хотя бо́льшую часть моей жизни он был всем, что я знал. Это был внешний порог, который удерживал мою развивающуюся личность до 18 лет. По мере того как вы расширяете географию исследования мира, вы станете возвращаться в места, которые посещали раньше, но они не будут казаться вам такими же, как тогда. Их влияние на вас будет иным, потому что внутренне вы будете в другом месте. Я также за последние 10 лет несколько раз возвращался в Коста-Рику. Притом что она продолжала мне нравиться и занимать особое место в моем сердце, она больше никогда не оказывала на меня такого же магического влияния, как на том раннем этапе личностного развития.

Сейчас я каждый год оглядываюсь на то, что делал в это же время 12 месяцев назад, всякий раз удивляясь, насколько изменились мои жизненные условия, сколько новых впечатлений я получил и насколько я вырос. Люди, постоянно живущие одинаковой жизнью, никогда не имеют такого обширного взгляда на незаметные перемены в самих себе. Это полезный опыт. Люди склонны принимать одно обстоятельство: то, что они знают, — предел того, что они могут знать. Постоянная новизна заставляет их осознать правду.

Это время, когда вы способны задавать вопросы, которые кардинально изменят то, как вы понимаете себя и взаимодействуете с миром. Именно поэтому только очень отчаянные находят ответы, которых ищут. Остальные довольствуются тем, что проходят одни и те же этапы и решают одни и те же проблемы в течение своей жизни. Что нужно для того, чтобы оторваться от собственного привычного чувства самосознания? Рано или поздно случится то, что даст вам время переосмыслить свое прошлое. Вы должны иметь желание выйти за пределы своих старых представлений о собственной жизни.

Беспристрастность — это счастье. Это свет, стирающий устаревшие представления и освобождающий место для чего-то лучшего и неизведанного.

Личность, которую мы видели в себе до того, как другие люди начали рассказывать нам, кем мы являемся, не исчезает бесследно. Многие религии и философские учения всегда советовали использовать практику медитации или другие очищающие разум ритуалы для того, чтобы освободить ум от ненужных представлений, которые он собирает на жизненном пути. Я предпочитаю более практический подход. С помощью вопросов можно нивелировать идеи, которых люди уже придерживаются, независимо от того, как долго они существуют. Идейный разум может повернуть любую идею к теории познания, разбираясь в ее происхождении и в том, почему она так долго и настойчиво существует. Вы должны хотеть ответить на вопрос о том, почему вы верите именно в нее. Будет сложно углубиться в это, имея самые заветные убеждения, которые также чаще всего оказываются первыми, которые у вас появились.

Только когда вы нашли то сложное, что нельзя упростить, вы можете отдохнуть. Это главные истины, которые компенсируют в вас все остальное. Они не имеют ничего общего с местом вашего происхождения или тем, чему вас научили, пока вы росли. Уроки могут лишь напоминать нам о том, что уже есть в наших личностях, активируя имеющуюся осведомленность и позволяя совершать более важные действия. Речь идет о том, чтобы забыть, кем вы, по вашему мнению, являетесь, и в первую очередь исследовать себя.

Жить не тем, кто вы в действительности, — это полное безрассудство. Это сумасшествие, которое приводит ко многим социальным проблемам, приносящим всему миру беды, такие как война, бедность, преступления и рабство во всех его проявлениях. Для того чтобы спасти себя и наш мир, вам лишь нужно отказаться от хаотичного взгляда на культуру, который так давно вводит вас в заблуждение. Когда вы наконец станете свободным, вы захотите остановить дальнейшее распространение этого безрассудства. С каждым новым поколением цикл начинается заново, и ваши дети не будут исключением, если не изменить это сейчас.

ЧАСТЬ 9

Слияние с миром

ВАША РОЛЬ В ИСТОРИИ ЖИЗНИ

С самого начала нашего путешествия моей целью было привить вам мотивацию для совершения той кардинальной трансформации себя, в поисках которой вы находитесь. Не исключено, что на этом пути вы получите помощь от других людей, которые уже зашли дальше, или от тех, кто невольно предлагает вам вырасти благодаря их существованию в вашей жизни. Но все же это путь, по которому рано или поздно необходимо отважиться пройти самостоятельно. Вы должны погрузиться в уединение перед тем, как одержите победу над самим собой.

Для всех людей путешествие является одинаковым и совершенно уникальным одновременно. Это проявляется в каждом, кто развивает в себе ощущение стремления. Каждый человек делает первые шаги по-своему. Во время пути многие сворачивают с дистанции на некоторых подходящих ответвлениях дороги. Они находят временный комфорт в одном из многих отвлекающих жизненных моментов, боясь того, что будет дальше. Для кого-то путешествие начинается только после грандиозной катастрофы. Счастливая случайность толкает их к переломной точке. С того момента их судьба окончательно предрешена. Они оставили свою прежнюю жизнь и больше никогда не смогут вернуться к ней.

Начинать путешествие легко. Понимать его результаты куда сложнее. Нет линии финиша, которую нужно пересекать, и соревнования, в котором необходимо победить. Игра продолжается до тех пор, пока вы живете. Большинство людей не могут принять то, что в личностном развитии не существует большого конца. Они настойчиво жаждут продолжения после какого-то идеального состояния просвещения, являющегося вымышленной характеристикой, которую мы приписываем другим, когда нуждаемся в герое для наследования, независимо от того, насколько высоко мы поднялись. Идея просвещения мешает нам преодолеть полученные в наследство ограничения. На самом деле мы должны стремиться стать идеальной силой для реализации в мире своих истинных ценностей через собственные действия.

Осознание своего места в мире — это больше, чем знание определенного места, откуда вы родом. Это понимание того, как вы будете действовать в качестве согласованной частицы мира. Это описывает вашу работу и взаимоотношения. Это ваши увлечения и акты благотворительности. Каждое действие, которое вы когда-либо предпринимали, является переменой, привнесенной вами в мир. Вы можете внести изменение, ничего не делая, лишь существуя в ответ на свое окружение до того времени, пока вас не станет. Или можете выбрать особую перемену, которую будете отстаивать, формируя окружающую среду по своему образу и подобию.

Те, кто никогда не совершал путешествие, навсегда остаются в своем личном сумасшествии. Для них пытка сосуществовать с собой настоящим и с представлением других о себе. Они используют бесчисленное количество способов найти высокую цель, но проводят всю свою жизнь без ощущения, что сделали то, чего действительно хотели. Да и как им бы это удалось? Они не знают самих себя настолько, чтобы даже понимать, что это такое. Каждый из нас ищет более весомую цель за пределами своего внутреннего "я", когда наши текущие естественные потребности удовлетворены, но лишь немногие имеют желание полностью придерживаться этой линии.

После того как вы осознали свою роль в мире, вы получили очень сложное задание: научиться самовыражаться так, чтобы гармонировать с другими жизненными укладами. Вы должны были взять то, что важно для вас, и найти этому место в сердцах и умах других людей. Подумайте обо всем, что вы сделали в жизни только потому, что это давало вам глубокое чувство выполненного долга. Представьте в деталях, как бы вы проводили свое время, если бы вам не нужно было делать вообще ничего. Вы должны быть достаточно храбрым для того, чтобы ответить, почему вы на данный момент не проводите время за этим занятием. Честный ответ сейчас задаст траекторию движения на всю вашу оставшуюся жизнь.

Резервный ответ заключается в том, что вам из-за ежедневного отягощения проблемами невозможно найти место для того, чем вы действительно хотите заниматься. Но настоящим ответом является то, что у вас есть невольно унаследованные культурные ограничения в том, что делать со своим временем. Вы не можете делать то, чего действительно хотите, потому что мир не дал вам разрешения. Барьеры для энтузиазма, так же как и преграды для путешествий, являются сейчас психологическими по своей природе. Человек, знающий себя, должен переступать эти барьеры для того, чтобы воплощать принципы, которые пробуждают его эмоции. Вы открываете для себя, что это такое, когда уже исследовали, что же остается от вашего старого "я". Это показывает вам, что вы будете поддерживать в дальнейшей жизни, а чему противостоять.

Такой уровень внимания требует, чтобы мы осознанно выбирали желаемое и ничему не позволяли удержать нас от успешного достижения этой цели. Это предусматривает, что мы знаем себя достаточно хорошо для того, чтобы определить, чем мы хотим заниматься после легких побед. Цели, которые вы ставите, не будут учитывать ожидания мира, потому что станут соответствовать тому, чего вы по-настоящему хотите. Подумайте о том, какую часть жизни вы действительно прожили для себя, а не для чего-то во внешнем мире, что как-то проложило путь в ваше чувство идентичности. Если вы не решаетесь встать на самую прямую дорогу, ведущую из того места, где вы сейчас, туда, где хотите оказаться, вы всегда будете ограничены в том, чего можете достичь.

Согласно бытующему мнению, чем усерднее вы трудитесь для достижения чего-то, тем ценнее оно становится. Культура призывает нас с презрением относиться к тем, кто получает желаемое, не особо нагружая себя при этом. Мы интуитивно ненавидим людей, которые применяют свой интеллект там, где другие этого не делают, и ощущаем угрозу от любого, кто ставит перед собой великие цели. Пока человек верит, что не может повлиять на качество собственной жизни, он будет клеветать на людей с энтузиазмом. Вы берете на себя один из основных социальных рисков каждый раз, когда идете против течения, потому что так вы представляете собой угрозу чувству общей идентичности. Связь может быть поверхностной, как, например, наш внешний вид. Именно так рождается расовое превосходство. Это может иметь случайный характер, как, к примеру, место нашего рождения. Мы называем это национализм. Или это может иметь идеологическую подоплеку, как ценности, которые влияют на наши действия. Вот почему те, кто смело провозглашает то, что отстаивает, являются угрозой для всех остальных.

Когда вы соотносите себя с ценностями, у вас появляется оригинальный взгляд на заурядные вещи. Профессиональная занятость меняется с навязанного законами экономики трудового режима на возможность выгодно использовать свое влияние на рынок. Вы работаете над тем, что вам действительно интересно, и зарабатываете деньги, делая то, что уже любите. Именно это и является настоящей свободой. Даже если вы попадаете в место, похожее на то, что предлагает традиционный жизненный путь, причина, *как* и *почему* вы там оказались, в вашем случае будет совершенно уникальной. Физическая реальность ваших действий не имеет такого значения, как мы себе представляем. Гораздо важнее психологическое воздействие, так как оно передает смысл. Для вас как для автора собственной истории единственное, что будет иметь значение, — это ваше освещение того, как вы проводите свое время.

Такое преобразование культурного влияния сигнализирует о начале вашей новой жизни. Вместо жертвы культуры вы становитесь ее создателем. Ваше тело — это механизм для смещения реальности в сторону такого мира, в котором вы хотите жить. Вы не будете связаны начальными впечатлениями, которые мир сформировал внутри вас. Вы будете верить в то, во что верите, потому что это целесообразно для того, кем вы являетесь. Вы будете строить занятия своей жизни вокруг того, что работает.

Часть меня всегда думала, что если мир поймет, кем я в действительности являюсь, он отвергнет меня. Он не был готов к тому, что я видел внутри себя. Долгое время у меня был соблазн отойти от человеческого мира и жить так, самому по себе, до самой смерти. Я уже овладел способностью приспосабливаться к обстоятельствам, которые могли бы понадобиться мне для того, чтобы выжить физически и психологически. Я вырос в полной гармонии со своим собственным существованием и не боялся изоляции от вида себе подобных. Я не видел способа для человека, которым я становился, сосуществовать с таким миром, каким я его воспринимал. Аналогичные тенденции постоянно перекликались с прошлым по мере того, как люди начинали познавать себя. Многие из них покидали социальный мир, чтобы больше не взаимодействовать с людьми.

В моем недавнем прошлом это желание изменилось. Возможно, я стал сильнее. Может быть, я стал более осведомленным о сути существующей проблемы и начал понимать, что могу с этим сделать. Так или иначе, я пришел к выводу, что у меня есть свое место в мире. Я все равно буду аутсайдером, живущим на краю и поступающим так, как мне хочется, но я не откажусь от "прелестей" общества. Безусловно, все, что я видел, ставит меня в более выгодную позицию для того, чтобы организовывать свое участие в жизни мира. Сейчас я лучше вижу, что нужно людям, и знаю, чем располагаю, чтобы это предоставить.

Я не мог просто принять какую-нибудь самую легкую роль, которую мне, возможно, предложил бы мир. Грегори Дил должен был быть тем, с кем я мог бы жить. Это стоило мне представления себя в качестве личности, которую мог бы принять мир и которая сможет при этом стимулировать его к прогрессу. Это превратилось в номер эквилибристики, в котором я стоял всего в шаге от излишней самонадеянности жителей мира. Мое нахождение слишком далеко было бы для них огорчением, а недостаточно далеко — бессмысленностью. Это был метод проб и ошибок с экспериментами над тем, как мир будет отвечать на разные версии меня. Я понял, что существуют люди с определенными типами личности, которые очень высоко ценили то, что я предлагал. Они будут искать меня и не отпустят, когда найдут.

Было не важно, смог ли я изменить самые глобальные проблемы мира. Была определенная сфера, в которой я мог повлиять на способ мышления и поведения людей. В ней я мог бы занять свое место в истории жизни. Важнее всего то, что я мог делать это, не предавая принципы, определяющие меня, в мире, какой он есть в действительности, как бы долго это ни продолжалось. Я не боюсь потерять стабильность своей роли в жизни. Люди, которые думают, что им необходимо вести определенный образ жизни до смерти или выхода на пенсию, урезают свои потенциальные возможности. Они не добьются успеха в мире, который ускоряется в своих запросах.

Когда я жил в Гане на протяжении нескольких месяцев в конце 2014 года, я взялся за преподавание основ предпринимательской деятельности группе молодых людей, приехавших в Кумаси, чтобы принять участие в ежегодном лагере свободы и предпринимательства (Liberty & Entrepreneurship Camp), который проводит организация Africa Youth Peace Call. Гана была для меня чем-то вроде культурной аномалии. На других континентах я видел практически все возможные виды бедности или нестабильности инфраструктуры. Но в Гане я на практике ощутил, что значит ежедневные отключения воды и электричества без учета существующих альтернатив. Жители этой страны, которых я встречал, были дружелюбны до крайности, однако при этом смотрели на меня как на бесконечный источник внеплановой благотворительной помощи. Это отличалось от поведения уличных грабителей и попрошаек, к которым я привык. Это выглядело так, будто у них совсем ребяческий подход к деньгам: они не имеют представления, откуда они берутся или почему тот, кто имеет относительно большое их количество, не будет рад просто поделиться частью с любым, у кого их меньше, только потому, что тот об этом попросил. Я понимал, что рассказ о принципах предпринимательской деятельности будет, возможно, самым ценным из того, что я смогу им предложить в то время — так они будут иметь возможность усвоить способ мышления продуктивных игроков в мировой экономике.

Какую бы роль я ни играл в непредсказуемом будущем, она будет соответствовать тому, кто я есть, поскольку я осознаю, что именно могу делать наилучшим образом, чтобы сопутствовать миру и оказывать то влияние, которое ему нужно. В остальном я разберусь в нужный момент. Эта уверенность в импровизации появилась у меня во время периода жизненных трудностей, которые заключались в том, чтобы найти свое место в разных условиях. Это подготовило меня к открытому будущему, в котором может случиться что угодно и я смогу стать тем, кем мне нужно, с целью претворять в жизнь свои принципы. Личность, которой я являюсь сейчас, — лучший на сегодняшний день вариант того, кем я научился быть, предлагая при этом миру то, что ему, на мой взгляд, нужно, и себя как того, кто лучше всего подготовлен, чтобы дать ему это. В точке пересечения того, что вы хотите предоставить и чего требует ваша окружающая среда, вы находите свое место в мире. Никто не может быть всем для всех, потому что вы ограничены в том, что можете делать, и любой другой также ограничен в своих возможностях.

Куда бы я ни поехал, я вижу ослабленные системы, страдание и проявления неэффективности. Из-за такой повышенной осведомленности я могу выбирать, беспокоиться или нет — влиять на увиденное или игнорировать его. Вы точно так же осведомлены об определенных сферах собственной жизни. Вы каждый день выбираете, о чем заботиться и как поступать. Несмотря на то что я научился высоко ценить положительные моменты в каждой культуре, объективное восприятие также сделало полностью очевидными для меня негативные моменты. Мой ум способен обнаружить ошибки во всем. Я вижу недостатки в поступках людей и бесполезно потраченную энергию в функционировании города. Я обращаю внимание на все возможности, благодаря которым люди могли бы жить лучше, если бы сосредоточили свои усилия на деле. Но я могу помочь им не больше, чем бедным китайским детям, которые растут как заключенные в утилитарной реальности. Они не хотят моей помощи. Они никогда не принимают во внимание ее возможность или необходимость в ней.

До сегодняшнего дня каждый необычный опыт показывал мне часть меня самого, о которой я не смог бы узнать по-другому. Бесчисленное количество частей меня, о которых я мог только интуитивно догадываться, было под замком. Они были раскрыты посредством полученного уникального опыта, который показал моему разуму, что пределы находятся гораздо дальше, чем я думал. Мир — это книга из многих страниц, которая ждет того, чтобы ее прочли. Собственное "я" — это библиотека, наполненная древними книгами, написанными на языках, которые вы не можете понять полностью. Вы привыкли к иероглифам, которые нашли в книге на первой полке, и никогда не узнаете о том, что еще остается в громадном мире вашего "я". Меня волнует, кем я могу стать, собирая информацию, изучая все новое и наблюдая за тем, как меняется мир.

И не важно, что на нашей планете нет ни одной культуры, к которой я бы стремился принадлежать. Из-за того что мы собираемся жить в будущем без границ, я не ограничен в том, что диктуют традиции. Исследователи перестраивают элементы окружающих систем под себя. При необходимости они строят новые системы, чтобы достичь желаемого. Те, для кого нет места среди нашего вида, могут создать свой собственный, который станет идеальным воплощением их принципов. Когда вы увидели, что необходимо изменить в мире, ваши эмоции придадут вам сил, чтобы действовать. Персонажам каждой истории необходима мотивация для эволюции их образов — специфического вида удовольствия и страдания, который их определяет.

Ваша масштабная миссия в конечном итоге совпадет с определенным сегментом мира, которому необходимо то, что вы делаете. Никто не должен будет мириться с тем, что вы не можете вынести чего-то. Вы будете работать так, что никто другой не должен будет ощущать страдание, которое вы так хорошо знаете. Вы должны пережить это. Вы можете держать огонь в руках тогда, когда другие этого не могут. Это ваша суперсила, заключающаяся в том влиянии, которое вы удерживаете в пространстве вокруг себя. Будьте достаточно храбрым для того, чтобы соблюдать "низкоинформационную" диету и вытеснять все другие мысли из своего разума.

ЧАСТЬ 10

Формируйте будущее

ПРИЗНАВАЯ СВОЕ ВЛИЯНИЕ

С того самого момента, когда мы осознаем свое существование, мы начинаем понимать, как устроен мир. Из-за того что мы рождаемся слабыми, мы неизбежно наделяем наших родителей обязанностью подготовить нас к жизни, причем такой, какой они ее знают. Они показывают нам не только как выжить, но и как чувствовать себя свободно. Они передают свои знания, чтобы мы могли ориентироваться в мире без них. Мировоззрение, которое они нам прививают, остается с нами на всю жизнь, делая их незавершенные задачи нашими собственными.

Ирония этой печальной ситуации заключается в том, что научить нас независимости не может тот, кто не в состоянии решить свои собственные проблемы. Эмоциональную зрелость не может проявлять тот, кто полностью не самовыражается. Инструкции для жизни не могут давать люди, которые сами еще не научились жить. Ожидаемым результатом является то, что подавляющее большинство из нас перестает психологически расти в детстве. Мы можем провести остаток своей жизни, ограничивая свои возможности из-за психологических факторов, повлиявших на нас во время самого восприимчивого возраста. Лишь немногие способны использовать страдания, испытанные ранее, для того, чтобы стимулировать себя к личностному росту до самых вершин.

Жизнь в обществе, предназначенном для постоянного движения, наносит детям самый серьезный ущерб. Не проходит и дня без планирования их досуга. Культура заранее знает, как будет проходить их развитие. К тому времени, когда большинство людей достигают совершеннолетия, они уже успевают получить жизненный опыт без инструкций. Поиск идентичности отходит на задний план. Рай, потерянный однажды, редко обретается вновь. Некоторые возрождают его через несколько десятилетий, когда понимают, что в их жизни происходило что-то не то, но большинство умирает, никогда, в сущности, и не живя. Когда дети не могут свободно самовыражаться, они продолжают путь с неотступающим чувством моральной пустоты до того времени, пока не умрут.

У всех нас в той или иной мере было неподходящее воспитание, потому что нам не дали инструментов, необходимых для того, чтобы познать себя и затем полноценно действовать в соответствии с этим открытием. Так мы оказываемся на распутье: учиться на ошибках прошлого или повторять их со своими собственными детьми. Передача ценностей новому поколению — это то, что завершает полный цикл процесса самопознания и при этом является тем шагом, которому большинство людей зачастую не придает значения. Родители и воспитатели — самые важные профессии в мире, потому что они конкретно объясняют нам, как мы должны мыслить и во что верить. Большинство не осознает важность их ролей в развитии человечества. Мы верим тому, чему они нас учат, потому что нам не с чем сравнивать. Мы просто не можем представить себе другое существование. Традиционное образование приводит к появлению людей, которые не понимают, что на самом деле значит учиться по собственной воле.

Традиционное воспитание практически полностью игнорирует желания ребенка. Оно предполагает, что другие знают, что является наилучшим для конкретного человека. Именно так групповая самоидентификация подавляет индивидуальную сознательность на протяжении всего периода ее развития. Коллективное обучение существует для того, чтобы ограничить жизнь человека рамками его культурного самосознания. Ограничивая разнообразие индивидуального обучения, мы также ограничиваем глубину личности. Дети оказываются подготовлены к жизни как функциональные участники произвольной социальной парадигмы, которую каждое следующее поколение будет продолжать.

Во время своей первой поездки в Европу я работал в комбинированном учреждении яслей и дошкольного воспитательного центра в Италии. Школа основывалась на педагогической системе Марии Монтессори, разработчика модели образования, используемой сейчас в альтернативных школах по всему миру, которые носят ее имя. Когда я разговаривал с директором перед получением работы, я отметил для себя, насколько необычными по сравнению с традиционными школами будут структура обучения и степень независимости, предоставляемая детям. Они хотели дать им возможность руководить процессом собственного обучения с самых ранних лет. Соответственно они хотели иметь только таких учителей, которые бы понимали эту философию на базовом уровне, и поэтому так горели желанием работать со мной.

Но когда я прибыл туда, забота о детях, которую я увидел в реальности, кардинально отличалась от того, что было преподнесено мне раньше. Детям, даже тем, кому было всего 2 года, продолжали давать точный свод правил относительно того, как проводить дни, уделяя определенные часы конкретным занятиям. Несмотря на то что мне рассказали более радужную историю и улыбались при этом гораздо шире, я продолжал работать как часть большей структуры, которая существовала для точного определения того, как раннее детство будет влиять на обучение воспитанников. Мне казалось, что даже в самой развитой окружающей среде невозможно убрать ограничивающее влияние, которое хранят наши школьные институции для молодежи в период становления их личности.

Такие культурные устои несовместимы с настоящим обучением. Истинное образование — это когда разум самостоятельно приходит к здоровой зрелости. Это самобытное движение от бесполезности к производительности на протяжении некоего жизненного периода, которое разжигается энтузиазмом и любознательностью. Оно не может быть вынужденным, если нет настоящей уверенности в своих силах. Преподаватель зажигает эту любознательность в молодых людях, чтобы исследовать полную силу их человеческих способностей. Он является тренером и проводником для бесконечного личностного развития, наблюдающим за ранним раскрытием личности. Неполовозрелый ребенок похож на туриста в чужой стране, охранниками которого являются гиды, знакомящие его с их образом жизни.

Одно ясно точно: каждый из нас будет растить своих детей в мире, который весьма отличается от того, в каком выросли мы сами. Мы не можем подготовить их к испытаниям, с которыми они столкнутся, используя то, чему нас научили в период нашего воспитания. Только если они ценят смиренность, они будут готовы столкнуться с необходимостью постоянных перемен, которые создает наш мир. Это может произойти лишь тогда, когда родители преодолевают привязанность к собственному бесполезному прошлому. Они должны принять неотению, чтобы снова стать непосредственными, как дети, учениками, которые всегда расспрашивают о том, что считали правдой. Для этого необходимо быть полностью искренним и никогда не игнорировать новую информацию, которая опровергает стойкие убеждения. Они должны на протяжении всей жизни сохранять врожденную любознательность, которую мы часто теряем во взрослом возрасте, поскольку растем в очень комфортных условиях в своем окружении.

Воспитывать ребенка — значит вкладывать часть себя в личность другого человека. Это действие возвращается каждый день через запросы детей, которые хотят увидеть, что их родители растут и сами. Если вы открыты для этого, то поймете, что ваши дети могут преподать вам столько же уроков, сколько знаний вложили в них вы, при условии, что вы будете смотреть на вещи их широко распахнутыми глазами. Дети дают нам возможности для роста. Они могут раскрыть наш внутренний эмоциональный потенциал, и поэтому психологически незрелые взрослые часто чувствуют себя среди них очень неуютно. Они проявляют те наши стороны, которые мы всегда старались скрывать. Каждый ребенок ждет от взрослых подтверждения того, что мир — это надежное место для самовыражения. Ваша задача — передать то, чему вы научились, но и предоставить ему свободу найти себя.

Ошибкой советчиков является их убеждение в том, что их задача — вкладывать в разум других людей тот же образ мышления, к которому они пришли, пройдя собственный путь. Такая позиция — враг прогресса. Каждый человек начинает свое путешествие по-своему и при разных внешних факторах. Кто-то примет эстафету, которую вы оставите, но для него она не будет такой же.

Адаптация — решение имеющихся проблем сегодня и заложение основы для преодоления возможных трудностей завтра. Если мы не можем уйти с собственной дороги, мы заново создаем те проблемы, которые уже умеем решать.

Те, кто уверен в своей идентичности, не должны навязывать ее другим. Это естественно, что каждый стремится разделить свои ценности с теми, кто будет его слушать, но лишь сломленные люди пытаются превратить других в свою копию. Брать на себя роль лидера — значит помогать другим стать теми, кем они являются, не становясь при этом похожими на того, кем являетесь вы сами. Субъективная важность, приданная самому себе, — это форма нарциссизма. Решающее сражение, к которому многие люди так долго идут лишь для того, чтобы проиграть, — это попросту побуждение перерасти свой эгоизм. Все начинается и заканчивается на вас. Вы самая важная частица во вселенной и совершенно ничтожная. Когда вы сможете принять эту двойственную истину, вы будете готовы переместить всех нас туда, где нам нужно быть — по-своему и в свое время.

Детали того, как вы этого достигаете, не имеют особого значения. Они будут отличаться в зависимости от возможностей и окружающей среды каждого человека. Все мы должны понять, что нам подходит, исходя из собственного уникального опыта. Все мы можем помочь другим людям освободиться от их культурных барьеров. Мой путь показал мне, что моим величайшим капиталом является способность доносить важную информацию, побуждая людей пытаться совершать великие поступки. Я предвидел, что посвящу всю свою жизнь изучению многочисленных источников информации, чтобы позволить этому случиться. Способ, которым вы производите воздействие, будет продуктом того, кем вы являетесь. Вы можете гордиться этим перед миром, будучи готовым, что он примет или отвергнет вас такого, каким вы в действительности являетесь.

Все действия человека служат концепцией его собственной личности. Вы можете лишь представлять свои мысли перед аудиторией, которая готова слушать. Слушатель должен хотеть принять ваше предложение. Возможно, вы имеете представление об истории, которую пытаетесь рассказать, но не знаете, как сделать так, чтобы она была услышана в мире, каждый день становящемся все более шумным. Вы не знаете, как быть особенным и убедительным, не принося при этом в жертву собственную подлинную идентичность. Именно те люди, которые посмеиваются над вами или игнорируют вас, могут больше всего нуждаться в вашем влиянии. Речь никогда не шла о том, чтобы забыть свой дом. Речь была о том, чтобы стать человеком, достойным жить в нашем мире. Поступая так, вы также заставляете мир быть достойным для жизни в нем. Именно так мы оставляем в прошлом великую борьбу человечества против себя, чтобы увидеть, что будет в нашей жизни дальше. Существует масштабная модель социальных трудностей, которая прямо сейчас играет на сцене театра вашего разума. Единственный способ помочь остальному миру — это разгадать тайну вашего собственного заблуждения о том, кем вы являетесь и что из себя представляете.

Мир в первую очередь отвергает все, что не вписывается в его шаблоны. Но в свое время он отнесется с уважением к любому, кто будет держаться и гордо стоять впереди человечества таким, каким является. Это относит его к категории самого себя — ориентиру, показывающему, кем люди могут стать. Другие будут неосознанно соревноваться с вами, потому что ваша жизнь демонстрирует им новые пределы возможного. Все, чего касается ваше влияние, принесет больше порядка во вселенную. В конечном итоге вы либо станете достойным такой жизни, либо вы никогда и не жили вовсе.

Моя надежда, по мере того как вы выходите из поля моего наблюдения, заключается в том, что вы возьмете на вооружение уроки, представленные здесь, и примените их в собственной жизни. Принцип, применяемый в разных условиях, дает неограниченное количество результатов, каждый из которых не является полнее предыдущего. Каждая новая жизнь — шанс попробовать снова, каждая личность — другое самовосприятие. Каждое ваше действие является сигналом для других получить и понять. Стойте на своем достаточно долго, и вы привлечете людей, нуждающихся в вашей специфической помощи для того, чтобы отойти от преград, которых они придерживаются. Это взаимное обязательство, предоставляющее каждой стороне возможность раскрыть бо́льшие части целого. Культура не является врагом, когда вызывает рост личностей, создающих ее. Она эволюционирует вместе с нами в качестве союзника против неизвестных завтрашних испытаний. Каждый из нас становится тем сильнее, чем больше взаимодействует с людьми, которые знакомы с нашим путешествием. Они побуждают нас к действиям и поддерживают. Независимый человек занимает свое место в бо́льшей истории, отправляя в мир и получая взамен то, что необходимо каждому для создания перемены.

Придет день, и нации не будут больше формироваться унаследованными ранее барьерами. Они будут организовываться согласованно в соответствии с общими идеалами и взаимоподдержкой. Семья будет значить больше, чем лишь случайное обстоятельство. В зависимости от влияния вы становитесь либо путеводной звездой для других, подобных вам, либо кто-то дополняет вас. Вы начинаете смотреть за пределы собственных преград, чтобы сформировать уникальные социальные структуры, основанные на взаимных целях и ценностях. Вы становитесь кем-то гораздо большим, чем могли бы стать самостоятельно. Но это произойдет при условии, что вы обладаете достаточной смелостью, чтобы сообщать свои потребности и принимать боль других.

Миру необходим настоящий вы, и вам нужно лишь исследовать его, чтобы стать таким. А теперь — вперед.

Эпилог

Вы покидаете комфорт своей старой жизни, не имея плана или пути.

Многие, возможно, посоветуют любому другому человеку оставить без всякой на то причины свою прежнюю жизнь с целью обрести личностное возрождение. Это не путь к свободе. Путешествие — лишь один из возможных активаторов перемен, который может ускорить путь к освобождению.

Любой план принадлежит кому-то другому. Он не может быть вашим собственным.

Ваш путь не будет таким же, как у другого человека. Только самоанализ может показать вам, какие аспекты прошлого вы готовы удалить. Только любознательность может указать вам правильное направление. Путешественники используют все, что предлагает мир, чтобы открыть свою идентичность.

Если вы сами не прокладываете дорогу, вы не найдете себя.

Не ждите, пока что-то изменится. Позиционируйте себя напористым и желающим окунуться в неизвестность. Делайте то, что сложно, пока оно не перестанет быть сложным. Позвольте себе стать всем, кем вы способны быть.

Грегори Дил, выросший в Калифорнии, вскоре отправился в путешествия по всему миру для изучения, самопознания, ведения предпринимательской деятельности и исследования. Он жил и работал в 50 странах и продолжает помогать другим на пути самореализации посредством исследования.

Книги Грегори, Brand Identity Breakthrough ("Революция бренда") и Travel As Transformation ("Путешествия как способ изменить себя"), являются лидерами продаж на Amazon. Его подкаст Uncomfortable Conversations With Gregory ("Неудобная беседа с Грегори") устанавливает связь с самой сутью личности. Путем личного и бизнес-коучинга он помогает предпринимателям подготовить важные сообщения любой сложности и представить их рынку.

В свободное время Грегори любит подбирать котов на улицах по всему миру, заботиться о них, а затем отдавать в хорошие руки перед тем, как отправиться в новую страну. Вы можете связаться с ним по адресу его электронной почты contact@gregorydiehl.net по всем вопросам, упомянутым в этой книге.

www.ingramcontent.com/pod-product-compliance
Lightning Source LLC
Chambersburg PA
CBHW021146080526
44588CB00008B/244